[日] 稻盛和夫
京瓷通信系统株式会社（KCCS） 著
曹寓刚 译

稻盛和夫 阿米巴经营实践

全员参与经营 主动创造收益

中国大百科全书出版社

图字：01-2018-3373

图书在版编目（CIP）数据

稻盛和夫阿米巴经营实践：全员参与经营　主动创造收益：口袋本 /（日）稻盛和夫，京瓷通信系统株式会社（KCCS）著；曹寓刚译．—北京：中国大百科全书出版社，2021.7

ISBN 978-7-5202-1006-5

Ⅰ．①稻…　Ⅱ．①稻…　②京…　③曹…　Ⅲ．①企业管理—研究—日本—现代　Ⅳ．①F279.313.3

中国版本图书馆 CIP 数据核字（2021）第 128217 号

出 版 人　刘国辉
策 划 人　曾　辉
责任编辑　曾　辉
责任印制　魏　婷
封面设计　刘龄蔓
出版发行　中国大百科全书出版社
社　　址　北京阜成门北大街 17 号
邮政编码　100037
电　　话　010-88390969
网　　址　http://www.ecph.com.cn
印　　刷　中煤（北京）印务有限公司
开　　本　880 毫米 × 1230 毫米　1/64
印　　张　3.875
字　　数　104 千字
印　　次　2021 年 7 月第 1 版　2021 年 7 月第 1 次印刷
书　　号　ISBN 978-7-5202-1006-5
定　　价　49.00 元

本书如有印装质量问题，可与出版社联系调换。

敬天爱人

稻盛和夫

写给中国读者

此次中国大百科全书出版社出版《稻盛和夫阿米巴经营实践》，使这本书有机会与广大中国读者见面，对此我感到非常高兴。这本书可被视为拙著《阿米巴经营》的续篇。

2008 年发生了以雷曼公司倒闭为发端的、影响持续至今的经济危机。《阿米巴经营》正是在那之后的 2009 年在中国翻译出版，其主要内容是介绍我独创的管理会计体系，即“阿米巴经营”。该书出版以来，得到了众多读者的广泛支持，不断再版，发行数量接近 70 万册。

为什么阿米巴经营在中国能得到如此广泛的支持呢？我认为，这是因为很多的中国经营者，都强烈地意识到了要迅速应对外部环境的变化，就必须正确地把握组织的实态，对核算进行精确的管理。

在这种情况下，阿米巴经营正好满足了中国企业的这种强烈需求。通过分部门核算制度，让每一位员工都具备经营者意识，追求核算效益。我认为，这就是阿米巴经营受到广大经营者和商务人士推崇的原因。

此次发行的这本书，解说了在前一本《阿米巴经营》中没有详述的阿米巴的组织划分、运行规则的建立，以及日本航空公司重建的案例等内容。我确信，不论对于老读者，还是对于那些真心想学习和实践阿米巴经营的新读者来说，此书都可以满足大家的期待。

我由衷祈愿，此书的出版能成为帮助中国各个领域的企业确立稳固的管理会计体系的契机，并且能为这些企业跨越经济变动、实现永续繁荣助上一臂之力。

稻盛和夫

2018 年 4 月

推荐序

中国企业如何导入阿米巴经营

有企业家问：阿米巴经营如何与中国企业文化融合？

许多人都提出过类似的问题：阿米巴经营是否适合中国企业？阿米巴经营到了中国有没有水土不服的问题？或者说，阿米巴经营到了中国以后，要做些什么变通，才能与中国企业文化相融合？

首先说结论。企业导入阿米巴经营，不存在水土服不服的问题。阿米巴经营在日本，有的企业导入成功了，例如本书中详细叙述的日本航空公司（以下简称“日航”）；有的企业导入却失败了。成功的事例很多，失败的事例也不少。有的企业开始失败，后来又成功了，情况千差万别。

在中国也是一样，中国有导入阿米巴经营很成功的企业，也有导入不成功的企业。所以阿米巴经营的成败同所谓的中国企业文化、日本企业文化没有什么关系。

另外，所谓的日本企业文化是什么呢？就拿日航来说吧，稻盛先生去之前，那里是典型的官僚文化，是企业官僚与企业工会斗争的文化，是很坏的文化，所以日航巨额亏损，接着就破产了。稻盛先生去了日航以后，日航全体员工共同拥有“作为人，何谓正确”的判断基准；明确了日航的企业目的是“追求全体员工物质和精神两方面的幸福；为顾客提供最好的服务；提升企业价值，为社会的进步发展做出贡献”。在此基础之上，编制了《日航哲学手册》，也就是建立了崭新的企业文化。之后日航很快就起死回生，并且一跃而为全世界最优秀的航空企业之一。

稻盛先生去之前和去之后，日航是日本企业这个性质没有改变，但日航的企业文化却发生了根本性的变化，所以不存在所谓的日本企业文化这一笼统的概念。从本质上讲，只有好的企业文化和坏的企业文化的区别，只有利己主义、本位主义的企业文化和自利、利他的企业文化的差别。

所谓的中国企业文化也是一样。

阿米巴经营是个好东西。它把企业划分成一个一个独立核算的小组织，让企业家的分身——阿米巴长来经营这些小组织。每个阿米巴每个月甚至每一天，都要算账，都要核算盈亏，每天工作的结果都要用数字、用金额表示出来。全体员工都要承担指标，都要参与经营，以此来发挥全体员工的积极性和创造性。比起只靠一个人或少数人经营企业，阿米巴经营确实是一个相当先进的、非常理想的经营管理体制。

京瓷公司之所以能长期保持高收益，破产重建的日航之所以连续 7 年利润和利润率在全世界 727 家有国际航线的航空公司中名列第一，阿米巴经营功不可没。

但是，企业要成功导入阿米巴经营，阿米巴经营要发挥它的威力，有一个小小的条件，从某种意义上讲，又是一个大大的条件，那就是企业领导人必须想明白，究竟为什么要引进阿米巴经营。

如果导入阿米巴经营的目的只是为了增加企业的利润；或者是为了增加企业家或少数人的财富；或者是为了减轻企业家的负担，让企业家工作轻松；或者把阿米巴经营作为一种绩效考核的手段，一句话，导入阿米巴经营的目的不是为了员工，不是为了员工的幸福，不能让员工由衷地认同，那么阿米巴经营的导入一定失败，没有例外。因为一个与员工幸福无关的管理体制，员工怎么可能拥护，怎么可能配合实施呢？没有员工积极主动的配合，任何先进的体制都不可能成功导入。这个道理虽然很简单，但许多人总是弄不明白。这个问题实际上涉及企业家的人生观，涉及企业家办企业的目的这个根本性的问题。

在有了正确的、明确的导入目的之后，还要对员工、对阿米巴长进行必要的教育。除了有关阿米巴经营方法的教育之外，最重要的是让大家共同拥有“作为人，何谓正确”的判断事物的基准。如果缺乏这个基准，根据以往的教训，各个阿米巴就难免在数字上弄虚作假，难免做假账；

在阿米巴之间定价的时候，就会发生激烈的争吵；各个阿米巴就不愿意制定高目标，不愿意努力去实现高目标；阿米巴之间还会产生不正当的竞争，等等。结果导入阿米巴经营不是帮助而是破坏了企业。

阿米巴的原理和逻辑虽然简单，但其导入过程中的具体方法、技术、诀窍却是京瓷集团几十年来千锤百炼的精华，并不外传。中国现在有许多以盈利为目的的阿米巴咨询培训公司，它们往往把阿米巴进行所谓的中国化，就是把阿米巴经营当成了绩效考核的手段。这同阿米巴经营导入的目的是背道而驰的，它们指导企业，当然不可能成功。

稻盛先生强调，阿米巴经营必须从哲学共有开始。他自己就是这么做的，例如，稻盛先生在进入日航 14 个月以后，日航才开始导入阿米巴经营。而那些所谓的专家顾问，他们并不了解阿米巴经营的具体方法、技术和诀窍，也没有成功经营企业的经验，更谈不上认真学习和实践正确的哲学，却大肆自我吹捧，虚张声势。他们只讲方法，不讲运用“是非善恶”这个判断事物的基点，他们利用企业急于导入阿米巴经营的饥渴情绪，利用企业对有关阿米巴知识和信息方面的不了解，忽悠企业，而且开价往往不低。虽然是周瑜打黄盖，一个愿打，一个愿挨，但结果往往是企业一方花了冤枉钱，哑巴吃黄连，有苦难言。最后，他们就怪阿米巴经营不适合中国国情。再好的东西到了我们某些同胞手里，就马上变味，让人哭笑不得。

如果企业想要导入阿米巴经营，我建议先进入稻盛和夫本人创办的公益组织“盛和塾”学习，学习“作为人，何谓正确”的经营哲学，学习和了解有关阿米巴经营的正确的基础知识。稻盛先生强调阿米巴经营从哲学共有开始，同时阿米巴经营又是全员实践经营哲学的平台。离开正确的经营哲学，阿米巴经营势必走入歧路。

稻盛和夫（北京）管理顾问有限公司

董事长　曹岫云

2018 年 5 月

前　言

日本经济在泡沫经济崩溃后，迟迟无法走出长期低迷的泥潭。不仅是大企业，还有很多中小企业，都无法再现昔日辉煌的发展势头。原因很多，比如说无法改善经济通缩的状况、快速演进的少子老龄化，以及更为严峻的全球竞争环境，等等。但是，我深刻地感觉到，除了这些外在的原因之外，还有更为根本性的、内在的原因。

第二次世界大战结束后，很多日本企业依靠员工高涨的士气和刻苦的精神，调动全体员工的力量，实现了废墟上的重建。这些优秀的员工对公司充满热忱，将公司的发展视为自身的发展，与公司共同成长。

但是，从日本经济到达顶峰后的泡沫经济

时期开始，公司和员工的关系逐步发生了变化。我认为，员工的能力和员工对于公司的热情未能得到充分的发挥，这就是日本经济长期低迷的根本原因之一。

仅仅依靠经营者和一部分干部或精英来经营企业，成果是有限的。**让所有员工都参与经营，凝结全体员工的力量，这是事业持续发展所必不可缺的因素。**

我本人一贯珍视“人心”，一贯注重“全员参与的经营”。不论是在京瓷，还是在 KDDI 和日本航空，我都是这么做的。

以心为本的经营

我之所以重视“人心”，与我创办京瓷的起因有关。京瓷是在周围热心人士的支持下诞生的企业。1959 年，我从京都一家生产绝缘瓷瓶的公司辞职，看好我的朋友和前辈决定出资，“创建一家公司，让稻盛的技术发扬光大”。其中甚至有人将自己的房产作抵押，为公司提供资金，原因据说是“一个男子汉迷恋上了另一个男子汉”。

因为这些朋友和前辈认可我以技术入股，我才走上了持股经营，也就是所谓做“老板”的道路。为了报答他们对我的信任和期待，我拼命努力，全身心投入经营。

我之前工作过的公司里有 7 位伙伴愿意追随我。他们甚至说：“如果稻盛独立创业，我们一定要追随他。如果以后企业经营遇到困难，我们大家哪怕出去打零工为公司赚钱，也要让稻盛专注于他的研究。”这些伙伴们是与我心连心的同志，支持我不断前进。

虽说人心易变，可一旦心心相连，世上就没有比人心更为牢固的东西。当初没有资金、没有信用、没有实绩的京瓷之所以能够成长发展，正是因为有了这样的“人心”作为基础。

经营的目的是什么

对于我来说，企业经营的目的是追求全体员工的幸福，这是我不可动摇的信念。在创业第三年，我将其作为京瓷公司的经营理念，铭记如下：

追求全体员工物质与精神两方面幸福的同时，为人类和社会的进步与发展做出贡献。

其实，制定这一经营理念的契机，源自创业第二年时录用的高中毕业生们强硬地提出改善待遇的要求。

他们逼迫我保证给他们涨薪和发奖金，但当时我对于企业经营还缺乏自信。我认为，不能靠违心的承诺来挽留他们，所以我明确表示“无法保证”。同时，我恳切地说，虽然无法对将来做出保证，但我一定会拼命努力，打造一个优秀的公司，让大家觉得在这里工作真好，请大家一定要相信我。

经过三天三夜推心置腹的交谈，他们终于被我说服，留在公司继续工作。

本来，京瓷是一家为了“让稻盛的技术发扬光大”而创办的公司，但即便是这样一家微不足道的小企业，年轻的员工们也是抱着托付终生的愿望而来的。当知道这一点后，我非常后悔，甚至觉得创办京瓷是一大失败。我连自己的家人都没照顾好，却要保障萍水相逢的员工们一辈子的生活，我觉得实在是太难实现了。

但是，经过深入的思考，我得出了结论，企业存在的目的并不是为了实现经营者个人的梦想，而是为了守护全体员工及其家人的生活，是为了实现大家的幸福。

所以我决定，放弃自己作为技术人员的个人梦想，转而为实现全体员工的幸福而经营企业。

这个决定对我后来的企业经营意义重大。由于企业经营的目的变成了“追求全体员工物质与精神两方面的幸福”，所以作为经营者的我和全体员工都把京瓷当成了“自己的公司”。为了让自己的公司更为卓越，大家都拼命工作。

我和员工之间的关系，也由经营者和劳动者、支配者和被支配者这一僵硬的关系，变成了为了共同目标团结奋斗的“同志”关系，在员工和员工之间也产生了强烈的伙伴意识。

实践阿米巴经营

为了实现“以心为本”的经营，为了实现上述经营理念，我创造出来的经营手法，就是本书所讲述的阿米巴经营。

在阿米巴经营中，要将公司划分成多个被称为“阿米巴”的独立核算的小组织。每个阿米巴的全体成员都努力实践“**销售最大化，费用最小化**”这一经营的原理原则。阿米巴长和阿米巴成员一起设定本部门的目标，并努力达成。阿米巴成员从各自的岗位和立场出发，最大限度地发挥个人能力，努力达成目标。其结果就是，员工们能切身感受到自身在工作中不断成长，能品尝到与伙伴们一起达成目标的喜悦感。通过这种全员参与的经营，践行“追求全体员工物质与精神两方面的幸福”的经营理念。

因为京瓷实行了阿米巴经营，所以自创业以来从未亏损，持续发展壮大。同样，由我创办并导入了阿米巴经营的第二电电（现 KDDI），以及我参与重建，也导入了阿米巴经营的日本航空公司，都实现了高收益。

我当初认为，阿米巴经营作为京瓷的独家经营秘籍，不能公之于众，但后来我意识到，阿米巴经营应该被更多的人了解和应用，从而为社会的进步发展做出贡献。于是我在 2006 年出版了《阿米巴经营》一书。此书得到了广泛好评，现在还有很多人在阅读。

同时，也有很多人希望有一本进一步详细解说阿米巴经营的书籍。此外，就像开篇所叙述的那样，我认为日本经济低迷的原因之一，就是员工们的热情和能力没有得到充分发挥，而阿米巴经营可以解决这一问题。所以我意识到，能让更多的人理解阿米巴经营的价值，是一件非常有意义的事情。

因此，我和专门从事阿米巴经营咨询业务的 KCCS（京瓷通信系统株式会社）合著了本书。

本书的第一、二章，由我解说阿米巴经营的概要和经营哲学在其中发挥的作用。第三、四、五章， 由 KCCS 解说阿米巴经营的具体推进方法，其中包括导入阿米巴经营后成为高收益企业的日本航空公司的案例。

阿米巴经营是一个让每位员工与经营者想法一致、朝着共同目标前进的经营体系。不仅经营者个人，而且包括经营者在内的全体员工，都能借助这个体系追求自己物质、精神两方面的幸福。要让阿米巴经营正常发挥功效，不仅要有缜密的管理会计体制，而且要构筑与之相适应的公司内部制度。而压倒一切的是经营哲学，也就是“philosophy”的渗透，这是必不可缺的。为了让阿米巴经营切实地发挥功效，“具体需要做些什么？”本书进行了通俗易懂的阐述。

我确信，不管什么企业，只要能够导入阿米巴经营并让其正确地发挥功效，就能让每一位员工都作为主角参与经营，就能像日本航空公司一样，迅速地提升经营业绩。

本书阐述了实现上述经营目的所需要的内容。我希望，包括经营者在内的更多的商务人士能阅读本书，并对各自所在组织的发展发挥更大的作用。我由衷祈愿，本书能为日本经济的再度辉煌助上一臂之力。

稻盛和夫

2017 年 7 月

目　录

中文版序　写给中国读者 / 01

推 荐 序　中国企业如何导入阿米巴经营 / 03

前　　言 / 09

第一章　哲学共有必不可缺

一、经营中的头等大事 / 002

二、构筑家庭般的关系 / 006

三、培养具备经营者意识的领导人 / 008

四、将公司划分成独立核算的小组织 / 012

五、消除部门间的利害对立 / 015

六、全员参与公司经营 / 019

第二章 全员参与经营，重建日本航空公司

一、三条大义
——为什么接受重建邀请 / 025

二、五大原因
——为什么日航变身为高收益企业 / 028

三、全员参与的经营保证了重建成功 / 042

第三章 首先要考虑职能——组织构建的要谛

一、阿米巴经营的三个目的 / 046

二、明确职能和责任 / 051

三、组织细分的三个条件 / 062

四、实践案例：日航的组织重组 / 069

五、构建能随时战斗的组织 / 075

第四章 通过核算管理激发员工干劲 ——制定运用规则

一、追究本质的稻盛会计学 / 084

二、明确收入 / 094

三、明确费用 / 132

四、明确时间 / 140

五、制作单位时间核算表 / 147

六、实绩管理和余额管理 / 156

七、活用信息系统 / 166

第五章 全体员工靠自身意志创造核算收益

一、调动员工积极性的七个关键 ——经营者的作用 / 170

二、制定年度计划 ——靠自身意志创造核算收益① / 179

三、月度核算管理
——靠自身意志创造核算收益② / 194

四、每个员工都是主角 / 205

后　记 / 219

01

第一章

哲学共有必不可缺

一、经营中的头等大事

企业经营中的头等大事，就是企业的一把手要拥有优秀的思维方式和哲学，并将这种思维方式和哲学与全体员工共有。在开展阿米巴经营时，这是必须最先着手的事项。

拥有优秀的思维方式和哲学，是度过美好人生所必需的。我用下面这个方程式进行说明。

人生·工作的结果＝思维方式 × 热情 × 能力

“人生·工作的结果”是“思维方式”“热情”和“能力”这三要素的乘积。

所谓“能力”，指的是人的智商、运动神经和健康等，是父母或上天给予的。所谓“热情”，每个人都不一样。从没有干劲、没有魄力、软弱无力的自甘堕落之人，到对人生和工作都充满燃烧般热情的、拼命努力的人，个体之间的热情有很大的差别。

再进一步，将上述两项之积乘以“思维方式”，就得到人生·工作的结果。如果持有“负面的思维方式”，那么，能力越强，热情越高，得到的负面结果就越大。相反，如果持有“正面的思维方式”，那么，能力越强，热情越高，人生·工作就会得到更大的正面结果。

这就是我所思考的、度过美好人生所需要的成功方程式。

虽说经营者要和员工拥有相同的哲学，但是，亲自冲锋在前、引领公司前行的经营者和普通员工之间，所处的立场有很大的不同。经营者要承担的责任十分沉重，这种自觉性越高，就越感受到责任重大，甚至每天都有被这种紧张感和责任感压垮的感觉，所以有时希望有人来分担责任，却找不到这样的人。

正所谓“高处不胜寒”，站在最高位的领导者永远是孤独的。一方面，有些情况即使向员工解释，他们也不想听，有的员工还会借机发泄不满，有的甚至因此辞职离开。再看看其余员工，似乎也无法依靠。中小企业的经营者，往往都有这样的烦恼。另一方面，继承家业的第二代、第三代经营者，要做到与那些曾和自己的父辈一起工作的老员工有相同的思维方式，往往步履维艰。

在京瓷还是一家中小企业的时候，我常常因为员工们无法与自己在思想上达成一致而苦恼不已。

我创业于 1959 年，那时“二战”结束后才过了 14 年。当时的京都由一个倾向共产党的政府长期执政，是一个革新色彩浓重的城市。在学校教育方面，日教组[①]的影响力也非常强，实施的是左倾化的教育，所以劳动者普遍不信任经营者。大家认为“经营者剥削劳动者，所以劳动者不能听任经营者的摆布”。

---

①日教组，即日本教职员组合，是日本最大的教职人员工会组织。——译者注

在这样的背景下，经营者和员工的思维方式和想法是背离的。员工认为自己被雇用，是经营者剥削的对象，为了拿到工资，不得不勉强干活。持这种观点的人总是抱怨，满腹牢骚。这样的员工不在少数，当时一般的企业都是这样。

现在虽然不再有这样的风潮，但企业经营者与员工想法对立的现象仍然不少。即使是看上去光鲜气派的大企业，实际上也很少能做到“经营者和员工有相同的哲学”。更有甚者，有的企业根本没有想在哲学共有方面下功夫。

二、构筑家庭般的关系

当时，我在苦恼之余想到的是，如果经营者与员工之间构筑起家庭般的关系，就能解决问题。两者之间不再仅仅是“雇用”和“被雇用”的关系，而是像父母爱护孩子，孩子体谅父母一样，经营者和员工彼此抱有温暖的关爱之心。我希望在公司内部建立起这种“家庭般的关系”。我将这样的劳资关系命名为“大家族主义”，决定今后以此为基础开展经营。

虽然说要在公司内部构筑家庭般的关系，但由于大家原本毫不相干，所以并不是简简单单地说一句“让我们构筑亲子般的关系吧”，对方就会点头同意。因此，作为经营者，说“我想以这样的方式经营这家企业”，就是说，首先必须确立自己的哲学，并将其与员工共有，以建立共同的判断基准。为此，我刻苦学习，认真思考，并把所学所思记录下来。为了与员工形成共识，我利用各种机会与他们交流。

但是，尽管当时我费尽口舌，大部分人的反应都是：“思维方式不是自由选择的吗？”在民主社会，以怎样的思维方式工作，秉持怎样的思维方式度过人生，都是个人自由。即使你努力向员工诉说：“我想遵循这样的人生观度过人生，想秉持这样的思维方式经营企业，请你理解。”员工也会回答：“领导，您将自己的思维方式强加给我们，不太好吧！”越是头脑聪明的员工，抵触情绪就越强烈。

“确实，遵循哪种思维方式是个人自由。但是，我们这家公司是秉持这样的理念开展经营的，如果想和我们一起干的话，就请你理解并接受。如果无法理解的话，你可以去找一家理解你思维方式的公司。”

我就这么说，拼命阐述自己的思维方式。

三、培养具备经营者意识的领导人

当经营者和员工之间这种相互理解，彼此都想为对方尽力的企业文化形成之后，接下来经营者就会有进一步的欲望，就是希望能有人（伙伴）同自己一起承担经营的责任。每个经营者都会这么想。

但是，如何培养具有经营者意识的人才呢？我在前作《阿米巴经营》中是这样表述的。

创业当初，我一个人直接指挥研发、生产、销售、管理等所有部门。生产现场有什么问题，我会立刻跑过去给出指示；为了得到订单，我会亲自拜访客户；对于客户投诉，我也要去第一线亲自应对。总之，我一个人必须扮演多种角色。在这种极度忙碌的情况下，我甚至认真想过，如果能像孙悟空那样，拔下自己的毫毛，吹一口气，就能吹出很多自己的分身，就实在太好了。我就只要命令他们说，“你去客户那里跑销售”，“你去解决生产的问题”。这样的话，能帮我多大的忙啊！

问题不仅仅是忙碌。不管在哪个企业，经营者都是孤独的。作为领导者，必须做出最终决断并对此负责，所以，不安感总会萦绕心头。我因为之前没有企业经营的经验，更是战战兢兢，打心底里希望出现与自己同甘共苦的伙伴，作为共同经营者一起担负经营的责任。

在公司规模小的时候，即使忙碌，经营者一个人还是能照看整个公司的。但是，随着公司发展壮大，一个人要兼顾制造、销售、研发等业务，就逐渐困难起来。如果是一般的制造业企业，领导人可能就会对相关人员说，“你只要负责销售就行，我来管生产”，把制造部门和销售部门分开来。

但即便如此，如果事业继续发展壮大，销售部门、生产部门等各个部门仅靠一个人也无法管好。于是销售部门就会按地域划分组织，比如说分成西日本销售部和东日本销售部。如果客户继续增加，西日本销售部就会被继续划分为关西地区、中国地区、四国地区、九州地区等部门。生产部门也是如此。如果想细究核算内容，就不能仅由一个负责人去管理整个部门。这样的话，就要考虑按照产品的品种或工序继续细分组织。

企业规模不断扩大，仅靠经营者和各部门的负责人已经不可能有效管理整个公司，这时候，只要将组织划分为独立核算的小单元，那么各个小单元的领导人就能准确把握所在小单元的经营情况。而且，对于小单元的领导人而言，因为组织的人数少，所以就比较容易把控每天的工作进度，也便于管理工序。他们不需要特别高的管理能力和特别丰富的专业知识，就能把本部门管好。

不仅如此，虽然只是小单元，但其领导人接受任命以后，就会萌生“我也是经营者之一”的意识。这样，这个领导人就会产生身为经营者的责任感，会想尽办法努力提高业绩。就是说，从普通员工“要我干”的立场，转变成了领导人“我要干”的立场。立场一变，经营者意识就萌发了。

这样一来，这个人的立场就发生了180°的变化，从“为获得一定的报酬而工作一定的时间”的立场，转变成了“为支付员工的报酬，自己必须努力赚钱”的立场。为了做到这一点，哪怕是牺牲个人利益，也会努力搞好经营。就这样，一起承担经营责任的共同经营者，就从部门领导人当中一个一个地涌现出来。

由于开展了阿米巴经营，京瓷诞生了很多具备经营者意识的阿米巴长。从开始开展阿米巴经营到现在，京瓷的阿米巴长们把阿米巴经营得有声有色。

阿米巴经营的目的之一，就是将一般员工培养成为具有经营者意识的共同经营者。尽可能多地培养能和我一起经营企业的优秀伙伴，就是基于这个目的，我创立了阿米巴经营模式。

四、将公司划分成独立核算的小组织

在阿米巴经营中，要将公司组织划分成多个能够独立核算的单位，这个单位必须有明确的收入，而且能明确计算出为了获取收入所需要的费用。

比如说，在制造业企业里，一般会先把制造部门和销售部门分开。之后如果制造部门扩大，就要划分成制造 A、制造 B、制造 C；销售部门扩大的话就要划分为分店 A、分店 B、分店 C，等等。要将组织进行分割，并为各个组织指定经营负责人。

下面举例进行说明。

假设有一家连锁经营三间拉面店的公司。要经营拉面店就需要有面，可以从外部制面厂买面后，将面送到每个门店，如果量大的话也可以自己制面。如果自己制面的成本低于外部购买的价格，就可以在公司内部设置制面部门。汤料也是一样。如果面和汤料都是内部制作后提供给各个门店的话，那么各门店的店长就是以配给的面和汤料为原料来经营门店的。

这个时候，制面部门和制汤部门都采用独立核算制。制面部门采购小麦粉制作面条供给店铺，价格比外面的制面厂低，还要做出利润。制汤部门也是如此，以尽可能低的成本制作出美味的汤料，将其提供给各个门店，并进行独立核算。

这样，在这家经营拉面连锁店的公司中，制面部门和制汤部门各自算出自己的销售额、费用和利润；营业部门的 A 店、B 店、C 店也各自算出自己门店的销售额、费用和利润。将这些数据合计，就能算出这家企业的整体业绩。

那些没有制造部门的公司也是如此。

例如，在农村经常可以看到这样的食品店，既卖蔬菜，也卖罐头、干货等食品，还卖鱼和肉。在这种情况下，要尽可能地对这些商品进行细分。

将销售蔬菜所得的收入、销售干货所得的收入、销售鱼类所得的收入分别放在不同的钱箱里。晚上结算的时候，只要将每个类目的销售额减去进货金额，就能明确知道哪个部门赚了多少钱。

只要将蔬菜部门的销售额、干货部门的销售额和鱼类部门的销售额分别记账，就能看到分部门核算的结果。

如果同时销售很多种商品，却只看总体的销售额和进货额，那就是所谓的“笼统账”。在阿米巴经营中，为了实施分部门核算管理，以便清楚地看到哪块赚钱了，哪块没赚到钱，就要将组织划分成有明确收入和费用支出的单位。

五、消除部门间的利害对立

在划分组织时有一点必须考虑到，就是必然会发生部门间的利害对立。

制造部门想尽可能高价卖出，销售部门想尽可能低价买入，两者的利益是对立的。本来大家都在“公司”这艘大船上，必须齐心协力，但如果在卖断或买断的商业习惯下采用独立核算制度，两者的利益会产生碰撞，公司内部就有可能产生矛盾，充满不和谐的声音。所以，在“订单生产方式”中，我参考了日本大型公司的“佣金制”。

我调查了大型公司从生产厂家采购产品来进行销售时要获取的佣金。虽然无法调查得很详细，但我知道，如果是大量采购的话，公司一般会收取 3% ~ 4% 的手续费。创业时的京瓷采用的是订单生产方式，我们先从大型电器公司拿到订单，然后生产并交货，几乎没有库存的风险。所以我当时就做了决定：我们公司销售部门的佣金确定为 10%，制造部门要将销售额的 10% 支付给销售部门。

假设从电器公司得到了订单，订单上就会有产品单价，将其中的 10% 作为佣金，由制造部门支付给销售部门。

一方面，制造部门必须先从订单价格中减去 10% 的金额，并确保在剩余的金额中再减去材料费和所有其他费用后还能产生利润。另一方面，销售部门必须在 10% 的佣金中减去所有的销售费用后，仍然有利润。创业初期几乎都是订单生产，我决定用这种方法做出利润。

但是，此后，当估量生产的形态出现后，就不再这么简单了。订单生产方式由于没有库存风险，所以 10% 的销售佣金就足以支撑销售部门的经营了。但在生产通用零部件或者一般消费品的时候，需要备好库存来进行销售。这时候就有库存积压的风险。为了消化库存，有时候就需要大张旗鼓地进行广告宣传，这样就要承担广告费用。另外，如果分销商倒闭，应收货款就会有无法回收的风险。因此，根据行业和所售商品的不同，就需要增加销售部门的佣金。

现在，京瓷生产的复印机和打印机等产品，采用的都是估量生产，京瓷内部称之为“库存销售方式”。如果采用库存销售方式，制造部门将产品交给销售部门时，需要设定一个内部销售价格（制造部门的出货价）。这个内部销售额就是制造部门的收入，而最终卖给客户的销售价格减去制造部门的出货价之后的差额就是销售部门的收益。

但即便设定了内部销售价格，当商品的市场价格下降时，负责销售的董事和负责制造的董事都会主张“自己的收益比率不能下降”，公司内部仍然会产生矛盾。

要消除这样的矛盾和争执，我在开篇讲到的思维方式，也就是哲学是必不可少的。

所谓哲学，就是我用“作为人，何谓正确”

这句话自问自答，在将正确的事情用正确的方式贯彻到底的过程中总结出来的实践哲学。每个人都从父母和老师那里学到过“不能说谎”“做人要正直”“不能骗人”“不能贪心”等道理，也就是**正义、公平、诚实、谦虚、努力、勇气、博爱**等词语所表达的、普遍正确的思维方式，是那些任何人看来都是正确的价值观和判断基准。

这样，董事们之间就不再互相顶牛，不再说“给我更多的佣金”“不行，没法再多了”之类的话，而是充分听取对方的情况和意见，说明自己的情况和想法，找到对于公司来说最合适的、彼此都能理解和接受的一致点。在这过程中，哲学起着不可或缺的作用。

所以，干部们自不必说，全体员工也必须能够理解、体会并共有哲学。其中，**首先就要求经营者与员工共有相同的哲学**，否则无法消除公司内部的利害对立，也无法培养具有经营者意识的人才。

六、全员参与公司经营

创办公司之后没多久，我就想出了阿米巴经营这个概念，将组织划分成小单位，为每个单位都配备年轻的领导人，并对他们说："请你负责这个部门的经营。"

刚开始，由于还不知道他是否具备经营者的能力，所以会考虑："如果只是这么小的一个班子，那么这个人也能够经营吧。"于是将与此人的格局大致相同的部门交给他去经营。

但是，即便是划分了组织，告诉了这些人"你要对自己部门的经营负责"，这些人还是对经营一窍不通。即使在工作中不断教他们如何经营，如果他们连利润表都理解不了，那么就连小组织也无法经营。

为了让这些没有会计素养，从工作现场锻炼成长起来的员工们成为经营者，让他们承担起一个部门的经营责任，我为他们制作了普通人都看得懂的利润表，即“单位时间核算表”。

只要看这张表，各个阿米巴的负责人就能依照它来开展经营。在本书的第五章中有详细说明。重要的是，不仅承担经营责任的阿米巴长要看单位时间核算表，而且让经营如玻璃般透明，将经营信息毫无保留地告诉大家之后，阿米巴的每位员工，甚至连临时工都会理解现在的收支情况。

比如说，各个阿米巴在月初制定的月度计划（预定）中全员都要考虑：本部门这个月要完成多少销售额？要将所需的材料费、电费和杂费控制在什么范围之内？

如果阿米巴长说：“我们部门下个月想完成这样的销售目标，根据过去的经验，会相应产生这么多费用。但是，这次我们想尽可能地减少这一个科目的费用。”这时，临时工可能会提出建议：“我觉得水龙头的水流太大了，装上节水器吧。”如果建议被采纳，水电费的预定就会减少。月度预定就是这样制定的。

月度预定付诸实行，月底经营结果出来时，阿米巴长不是一个人，而是和所有的部下一起来讨论这个结果。然后说“这个月的结果已经分析过了，我们来想想下个月如何改善吧”，于是征求部下的意见。大家出谋划策，制定下个月的措施，这就是阿米巴经营的工作方法。

我经常对京瓷的干部们说，单位时间核算表对于阿米巴长来说，就如同飞机驾驶舱里排列着的仪表盘，就像飞行员在驾驶舱里一边看着仪表盘一边操纵飞机一样，阿米巴的领导人就是看着这个核算表来经营阿米巴的。

经营企业和驾驶飞机一样。飞行员需要通过读取仪表盘的数据来确认当前的飞行高度、引擎的输出马力、飞行速度、燃料剩余量等飞行数据，在理解这些数据的基础上操纵飞机。如果不这么做，飞机就无法安全抵达目的地。经营者也是一样，必须仔细看懂核算表里的数字，才能安全地经营企业。

利用核算表，让包括临时工在内的全体员工都知道阿米巴的经营状态，这样，每一个人都是主角，都参与企业经营，这就是阿米巴经营的要谛。

02

第二章

全员参与经营，重建日本航空公司

我在第一章中阐述过，在实践阿米巴经营时，经营者和全体员工必须共有思维方式和哲学，这一条在日本航空公司重建时也发挥了作用。如果没有以共有的哲学为基础的员工意识的改变，那么不论是导入阿米巴经营，还是重建公司，都不可能成功实现。

本章介绍阿米巴经营导入的经典案例——日本航空公司（以下简称“日航”）的重建，以说明全员参与经营的重要性。

一、三条大义——为什么接受重建邀请

2009 年底，我接受日本政府的请求，就任当时深陷经营危机的日航的会长。

作为代表日本国家形象的航空公司，日航自 1951 年成立以来，一直站在日本国际化的最前沿，与日本经济一起经历了高速成长，在 20 世纪 80 年代成了世界顶级的知名航空公司。但是，由于无视核算，不断地盲目扩大航线，日航从泡沫经济破灭的 90 年代起，业绩陷入低迷，以致抵御不了雷曼金融危机后的经济萧条。

2010 年 1 月，日航背负 2.3 万亿日元的巨额债务，宣告破产，不得不准备重建。日航申请企业再生法的保护，由以帮助企业破产重建为目的而设立的半官方基金组织——企业再生支援机构主导重建。他们邀请我出任最高领导人，执掌重建之舵。

但是，当时我已年近八旬，而且对航空运输业一窍不通，所以坚决推辞。

然而，对方再三请求，“请无论如何一定出任董事长”。在这种情况下，我出于以下三条大义，最终接受了请求。

第一条，对日本经济的影响。日航是停滞不前的日本经济的象征，如果重建失败导致第二次破产，不仅会对日本经济产生巨大的负面影响，甚至可能让日本国民失去自信。而如果重建成功，就可能激励日本国民：“连那么糟糕的日航都重建成功了，日本经济也一定可以重生！”日本国民会重新鼓起勇气。

第二条，为了保住日航员工们的工作岗位。很多员工由于日航破产而不得不离开公司，但如果第二次破产，留下来的3.2万名员工也会失去工作。一定要避免这个结局，无论如何都要保住现有员工的工作机会。

第三条，为了让国民，也就是搭乘飞机的乘

客有选择的自由。如果日航第二次破产，日本国内的大型航空公司就只剩一家了。这样的话，竞争原理就不能发挥作用，机票价格可能上涨，服务品质可能变差。要为客户，也就是为国民提供更为低价、更为优质的服务，就需要多家航空公司在公正完善的条件下竞争，彼此切磋琢磨。为此，我认为日航有必要继续存在。

由于我年事已高，且还有其他工作要做，无法百分之百地投入到日航的重建工作中去，所以我提出“希望薪酬为零”。

二、五大原因——为什么日航变身为高收益企业

2010年2月，我就任董事长时，企业再生支援机构已经为日航制定了基于企业再生法的公司重建计划。我认为如果计划得到切实执行，就能重建成功，并在记者招待会上说明了这个观点。但是当时大多数媒体都持否定态度，认为“日航无法重建，一定会第二次破产”。

事实上，自1962年有记录以来，日本国内适用企业再生法进行重建的上市企业有138家，其中有59家，也就是接近半数的企业事实上已经消失了。最后重新上市的企业，即算得上重建成功的企业只有9家，其中重建时间最短的，花了将近7年时间。

此外，航空公司的经营是极为困难的。2000

年后，美国的美联航、全美航空、达美航空、西北航空、美国航空等大型航空公司相继破产。欧洲也是一样，比利时航空、瑞士航空、意大利航空等代表国家的航空公司都纷纷破产。日本航空在此次破产之前，也多次发表过意在重建的经营计划，但是一次也没有成功过。

出于这些原因，媒体认为日航无法重建的论断，并非没有道理。

但实际上，日航重建第一年，也就是 2011 年 3 月期的营业利润就达到 1,884 亿日元，2012 年 3 月期为 2,049 亿日元，2013 年 3 月期为 1,952 亿日元。重建后的日航成了全世界航空业屈指可数的高收益企业。

日航以比一般贷款更高的利息全部偿还了重建之初的约 3,600 亿日元的过桥贷款。2012 年日航重新上市后，不仅还清了企业再生支援机构的 3,500 亿日元的出资本金，而且还多偿还了 3,000 亿日元，为困难的日本国家财政做了一点贡献。

为什么被认为必然会第二次破产的日航能在短时间内变身为一家高收益企业，并且实现了重新上市？很多研究人员和评论家都在分析原因。作为当事人，我认为以下五大原因非常重要：

- 确立崭新的经营理念；
- 以哲学为基础的意识改革；
- 阿米巴经营的导入；
- 贯彻“为世人、为社会”的思想；
- 领导人无私的姿态。

1. 确立全新的经营理念

重建成功的第一大原因，是明确了企业经营的目的。将“追求全体员工物质和精神两方面的幸福”定为日航的企业经营理念，并明确地向员工们传达这一点。这是我经营哲学的根基所在，我创办的京瓷和 KDDI 也是以同样的理念开展经营的。

针对这个经营理念，有人批判说，“把员工的幸福作为企业的第一目的，对于接受国家支援的企业来说不合适”。但是，企业是为了实现全体员工的幸福而存在的，这是我不可动摇的信念，我丝毫没有改变这个信念的想法。

如果经营者不考虑员工的幸福，只顾追求利润，员工就不可能打心眼里协助企业。相反，如果经营者把员工放在第一位，全体员工就会认识到工作的价值，充满自豪并热情满满地投入工作，结果业绩就会提升，股东也自然会得到更多的回报。

强调这样的“经营目的”，员工们就把日航当作自己的企业，经营者重建的强烈意志就能够与全体员工共有。从干部到一般员工，为了重建自己的公司，哪怕牺牲个人利益也在所不辞，大家用这种姿态参与重建，成为公司重建成功的最大原动力。

2. 以哲学为基础的意识改革

重建成功的第二大原因，是在公司内部推行以我的经营哲学为基础的意识改革。

我就任日航董事长后，立刻强烈地感受到“必须改变管理层官僚化的僵硬体制”。我还意识到，日航缺乏公司应有的“整体感”，我认为必须尽快解决这个问题。所以，我就用本书第一章介绍的“哲学”，首先对日航干部的意识进行改革。

哲学的表述虽然简单，但却直达事物的本质，能够帮助我们对各种事情做出正确的判断。它不仅是一种经营方法，还适用于人生和日常工作的方方面面，可称之为普遍正确的“原理原则”。

在京瓷和KDDI的经营中，我率先垂范，亲身努力实践这个哲学。与此同时，我也努力与全体员工共有这个哲学。日航重建时，我带着这个哲学，精心、细致地向大家解释“为什么这样的思维方式在企业的经营中，在每个人的人生中如此重要”。

具体的做法是，召集约50名经营干部，对他们进行为期一个月的彻底的哲学教育。通过哲学教育，让大家彻底理解领导人应有的姿态和企业经营应有的思维方式，让各级领导人知道自己必须成为受部下尊敬的、拥有高尚人格的人，为此必须每天持续提高心性，追问做人应有的人生态度。

但是，日航的干部们都是日本一流大学毕业的精英，一开始对我苦口婆心讲述的哲学有抵触情绪，甚至有人顶撞说："现在这个时候，为什么还要来学这些理所当然的东西呢？"

我对这些干部说："这么幼稚的东西简直不值一提！但这些东西大家虽然知道，却根本没有掌握，更没有付诸实行。大家或许知识丰富，但连追求正确的为人之道这一做人最基本的思维方式都没有掌握，这才是日航破产的原因。"

我这样不厌其烦地诉说，在这一过程中，当初对我的哲学有抵触情绪的日航干部们，逐渐加深了对哲学的理解。很多干部都开始思考："如果我们能更早了解到这些作为人、作为领导者、作为经营者应有的思维方式的话，日航就不会破产，我们的人生也肯定与现在大不一样。这么好的思想，要赶快向部下传达。"

在听了这些受训干部的感想之后，各个部门的负责人纷纷表达参加意愿，结果有 3,000 名干部参加了培训课程。

同时，考虑到在航空公司最重要的是，从事现场工作的每位员工以怎样的心态对待工作，所以我们也对一般员工进行了教育培训。我就任日航董事长时，就深刻地感受到，航空运输业因为涉及飞机和其他运行保养所需的机器设备，往往会被认为是巨大的装备产业。但实际上，我认为，航空运输业是一个“彻头彻尾的服务行业”，客户愉悦的搭乘体验压倒一切。

现场的员工以怎样的思维方式和行动去对待客人，这是航空运输业的最重要的事。譬如，在机场值机柜台办理登机手续的员工以什么态度对待乘客，空乘人员如何直接为搭乘飞机的乘客服务，机长和副机长如何进行机内广播，以及没有直接接触乘客、对飞机进行维护保养的机师和搬运行李的员工以怎样的心态对待工作，等等。我认为，如果不通过改善这些工作让乘客满意，让他们产生再次乘坐日航的愿望，那么乘客就不会增加，公司业绩也不可能提升。

于是，我来到现场，当面向各位直接接触乘客的员工讲述，应该具备什么样的思维方式，应该如何开展工作。我亲自到机场，召集直接接待客户的值机柜台的女员工和空乘人员、飞行员、保养飞机的员工，对他们说：“现在不得不进行严格的裁员，我也知道大家都不好受，但请大家一定坚持全心全意地服务好客户，只要这么做，局面一定能打开。”

接下来，考虑到要凝聚全公司的人心，形成合力，投入重建工作，就需要不同部门、不同立场的所有员工，拥有相同的价值观和判断基准。为此，我们开始着手编制“日航哲学”。日航以我的哲学作为参照，召集干部，进行彻底的讨论。

现在，“日航哲学”做成了手册，发给公司全体员工。手册内容阐述的是全体员工应该共有的价值观，例如“具备美好的心灵”“怀有感谢之心”，等等。这些作为人应有的最基本的思维方式，一共有 40 条。

通过这样的活动，员工们的意识逐渐发生了改变，日航原有的官僚气逐步减弱。此外，被称为“本本主义”的服务也得到了改善。现场的员工们都希望乘客更满意、更高兴，并为此自发地做出努力。全体员工在各个部门不断创新，经过努力的改善，业绩有了显著提高。

在我离开日航的经营第一线之后，员工们仍然自主地频繁召开“日航哲学”的学习会。就这样，日航变成了一个员工们自发提高心性、努力为公司经营做贡献的集团，这成了日航重建的重要推进力。

3. 阿米巴经营的导入

重建成功的第三大原因，是当大家都共有了这些基础性的思维方式之后，我开始着手导入阿米巴经营。

我一到日本航空公司赴任，马上就询问“现在的经营业绩到底怎么样？”但他们迟迟拿不出数字，好不容易拿出来的数字，还是几个月前的东西，而且是极为宏观的、不精准的。此外，责任分工也不明确，不知道到底是谁该为哪项业务的盈亏负责。

航空业的利润是由一个个航班所产生的，当

我询问他们各条航线或航班的核算情况时，大家却面面相觑。在日航此前的经营中，没有任何关于如何把握核算的机制和方法。实际上，根本不知道哪条航线或者说哪个航班赚了多少钱，所以有很多航线都持续亏损。

我认为，如果无法建立起以航线或航班为单位的实时核算机制，公司整体的核算就无法提高。

所以，我们通过导入阿米巴经营，实现了分部门、分航线、分航班的实时核算，让经营可视化（详见第四章）。只要导入阿米巴经营，每个阿米巴就会以其领导人为中心，为提高部门效益而不断努力创新。京瓷通信系统株式会社（KCCS）的顾问们和日航的员工们一起，逐步建立了这样的管理会计体系。

这样做的结果是，在第二个月就能拿到上月详细的分部门核算结果，大家看到自己部门的实绩，就会努力想办法去提高核算业绩。而且，第二天就能看到所有的分航线或航班的核算结果。这样，现场的员工就可以随机应变地更换机型，也可以根据情况做出是否要增加临时航班的判断。

本来不属于收益部门的保养维护和值机柜台等部门，也尽可能地把组织划分成小集团，以便各自能更细致地进行费用管理。每个月全员都知道费用明细，一起来探讨“有没有浪费？”“是否有更高效的做法？”大家群策群力，形成了不断改善经营的体制。

从2010年7月开始召开月度“业绩报告会”。集团本部和子公司的各个领导人集中到一起，依据本部门的数据，发布各自的经营业绩。每次花2～3天的时间，每天从早到晚，看着密密麻麻记载着分部门、分科目的上月实绩和当月预定的核算表，一起讨论。凡是有疑问的数字，即便是交通费或水电费等很细的费用，我也会问“为什么会得出这样的数字？”而不断地追问下去。

在不断召开会议的过程中，用数字来经营公司变得理所当然了。最后，各部门的负责人都能站在经营者的角度，用数字说明本部门做出了怎样的努力来改善经营，以及今后如何让核算数据变得更好，等等。

日航从重建第二年的2011年4月开始正式导入阿米巴经营，现在具备核算意识的员工们通过活用这一方法，每天都在努力提升效益。

4. 共有“为世人、为社会”的思想

重建成功的第四大原因，前面也提到过，我接受邀请出任日航董事长时，揭示了三条大义。第一条是为了避免日航破产对日本经济产生消极影响。第二条是为了保住日航员工的饭碗。第三条是为了日本国民搭乘飞机的便利。这三条大义是基于我的人生观，就是“为世人、为社会做贡献，是人最尊贵的行为”。

我将我参与日航重建的这三条大义公之于众，争取日航全体员工的理解。员工们把这三条大义作为自己的指针，认识到重建日航，不仅仅是为了自己，更是为了世人，为了社会，他们充满自信，全力投入工作。

重建的大义在背后推动员工，不论遇到什么困难，都正面面对，决不退缩。全体员工共同拥

有纯粹而强烈的愿望，上下一心，众志成城，拼命投入重建。

这些也成了重建成功的巨大动力。

5. 领导人无私的姿态

重建成功的第五大原因，我想，是我全身心投入重建的姿态，打动了员工们的心。我不顾年事已高，以零薪酬就任董事长，义无反顾地投入公司重建的姿态，给了员工们有形无形的影响。

前面讲过，我最初认为自己无法全职专注于董事长的工作，所以以零薪酬出任。但是，无论如何也要重建成功的强烈愿望让我拼命投入工作，原先设想的一周工作 3 天变成了 4 天、5 天，结果一周的大部分时间都用在了日航的重建工作上。

我的家远在京都，虽然年近八旬，但我几乎每个夜晚都在东京的宾馆度过，很多时候晚饭就吃两个饭团。

虽然我并非有意为之，但看到我如此无私且拼命地投入重建，很多员工都觉得，“同自己父亲或祖父年龄相仿的稻盛先生，不求回报，如此拼命地投入到与自己毫无关系的日航的重建中。我们更应该竭尽全力才对啊！”

我觉得，这也成了日航全体员工全力投入重建工作的强大动力。

三、全员参与的经营保证了重建成功

虽然还能找出很多其他原因，但我认为以上五大原因使日航员工的意识发生了很大的改变。其结果就是，**每一位员工都从自己的岗位和立场出发，为了让自己的公司变得更好而努力。**这就是日航重建成功的最大原因。

一般认为，决定企业兴衰的是看得见的资金实力和技术力量，或者是经营者的企业战略。这些当然都很重要，但比这些更为重要的是看不见的员工们的意识，以及这些意识的集合体，即企业的风气和文化。

就是说，员工们是以公司为荣，从内心祈愿公司发展，为此拼命投入工作，还是在职场中发牢骚说怪话，像评论家一样一味地批判公司，员工不同的态度，会带来公司业绩的天壤之别。

前面也说过，在日本，企业破产后，即便适用企业再生法进行重建，最后重建成功的概率也非常低，这是事实。其原因是，虽然应用企业再生法，公司的债务大幅削减了，费用大量减少了，这些眼睛看得见的财务状况得到了改善，但其副作用是人心涣散，这是眼睛看不见的。也就是说，如果员工们不愿为重建出力，不愿积极主动地把自己具备的能力最大限度地发挥出来，重建就会失败。

日航最初也是一样，公司破产，很多同事被迫离去；奖金被取消，工资大幅下降，甚至养老金也被削减；作为航空公司生命线的航线被大幅削减，许多飞机设备被抛售，员工们因此意志消沉，失去作为日航员工的荣誉感，整个公司到处都充满了阴郁沉闷的氛围。

但是，我就任董事长后，重新振奋了员工们一度被困难击垮的心。员工们从内心产生了使命感，“因为是自己的公司，所以无论如何要由自己来重建”。同时，日航员工们形成了“我们都是命运共同体”的共识。

每一位员工的意识和心灵发生了改变，作为其集合体的组织风貌也随之改变，公司业绩因此得以戏剧性地提升。正是哲学和阿米巴经营的导入，实现了日本航空“全员参与的经营”，将公司重建引向成功。

03

第三章

首先要考虑职能
——组织构建的要谛

一、阿米巴经营的三个目的

从第三章开始，由专业从事阿米巴经营导入咨询的京瓷通信系统株式会社（KCCS）来解说实践阿米巴经营的具体推进方法。

在做进一步讲解之前，要对企业经营的原理原则和“阿米巴经营的目的”进行说明，这对理解后面的内容至关重要。

在前言中也提到，阿米巴经营基于“销售最大化，费用最小化”这一经营的原理原则。“销售最大化，费用最小化”这句话乍听似乎理所当然，但它恰恰是经营的本质。

一般企业的经营，往往依据“我们行业的利润率也就这个水准”这类行业常识，或者依据“销售额增加了，费用当然也会增加”这样的固定观念。但是实际上，**只要不断创新，销售额几乎可以无限增长，费用也可以不断削减，其结果当然就是利润不断增加。**不能轻易放弃，认为“这就是极限了”。全体员工在各自的岗位上不断努力，做到“销售最大化，费用最小化”，企业就能长期实现高收益。

依据这一原则运行的阿米巴经营要达到三个目的：

- 实现全员参与的经营；
- 培养具备经营者意识的人才；
- 确立与市场直接挂钩的分部门核算制度。

1. 实现全员参与的经营

在一般企业里关心销售额的，只有销售部门的员工，其他大部分员工在日常工作中不会关注销售额。另外，在费用部分，由于不知道自己所在部门费用的详细使用情况，所以他们也不会产生减少浪费、节约费用的动机。

与此相对照，在阿米巴经营中，公司被划分

成了名为“阿米巴”的独立核算的小组织，开展玻璃般透明的经营。现场的员工每个月都要制定详细的销售额与费用使用计划并努力达成。在每天晨会或其他场合会公布经营实绩，如果销售额达不到计划要求，全员就会努力去增加销售额。又比如，如果费用超过了计划要求，大家就会献计献策，想方设法降低费用。就这样，每一位员工都会主动地努力去完成自己制定的计划。

实现以“销售最大化，费用最小化”为目标的全员参与的经营，是阿米巴经营的第一个目的。

2. 培养具备经营者意识的人才

组织被细分后，公司给每个阿米巴指派对其负责的领导者。这个领导者在取得上司认可的同时，负责处理与阿米巴经营相关的所有事务，从制定经营计划到业绩管理、劳务管理、材料采购下单，等等。

即便是小组织，要开展经营，领导者也必须具备会计知识。在阿米巴经营中，为了让阿米巴的领导者只需要掌握最基础的会计知识就能胜任，我们采用的是像家庭记账本一样简单的收支计算表，即单位时间核算表，用它来呈现阿米巴的经营成绩。

在单位时间核算表里，可以看到收入（销售额）和费用，以及两者差额的附加价值。接下来，用附加价值除以总劳动时间，就得出了每小时的附加价值（即“单位时间核算”）。我们会在第四章中详细说明单位时间核算表的具体内容。

单位时间核算这一把公平的“标尺”，能准确评价各个阿米巴的实绩。所以，各个阿米巴的领导者就会积极主动地努力提高自己部门的单位时间核算数字。正是在这个努力的过程中，造就了具备经营者意识的人才。

3. 确立与市场直接挂钩的分部门核算制度

我们在各个阿米巴之间进行“公司内部买卖”，并以市场价格为基础确定内部买卖的价格。由此，时刻变化的市场价格就能传导到各个阿米巴。

比如说，某款产品的市场价格下降了10%。这个时候，制造这款产品的部门之间会进行交涉，公司内部买卖价格也会随之下降。通过这个机制，员工们就能切身感受到市场的变化。各个阿米巴就是这样随时应对市场的不断变化，努力实现“销售最大化，费用最小化”，尽可能提高核算数字。

阿米巴经营的目的，是通过独立核算的各个阿米巴对市场变化进行快速反应，促进企业成长发展。为此，需要有一个能灵活应变的机制，在必要时随时能对组织进行分割、整合，或者设立新的部门。

后面我们将对阿米巴经营的组织建设进行详细说明，要充分理解后面的内容，就要把“销售最大化，费用最小化”这一经营的原理原则，以及阿米巴经营的三个目的放在心上。

二、明确职能和责任

1. 四项职能和责任

阿米巴组织建设的要谛是“首先要具备职能”。在阿米巴经营中，要明确公司运行所需的“职能”，并编制能够最大限度发挥各种职能的组织架构。

这种想法源自京瓷组织编制的历史。京瓷创业不久后，我们认为，公司职能可以归纳为“研发”“制造”和“销售”这三项。开发出新产品，并实现量产（制造），然后将制造出来的产品卖给客户，得到货款，再支付完费用，剩下的就是利润。因此，我认为这三个职能是必不可缺的。

此后，随着京瓷迅速成长发展，组织不断壮大，就有必要在这三项职能的基础上，增加一个“管理”职能。

用这种单纯的职能来理解企业经营应有的状态，是阿米巴经营组织构建的原点。就是说，将企业组织职能划分为“销售”“制造”“研发”“管理”四项，就可以构筑没有浪费的、高效的组织。

接下来，在阿米巴经营中，为了最大限度发挥这四种职能，让全体员工怀着使命感努力工作，就要为每项职能确定其应该发挥的作用。

表 3–1 四项职能和责任

职能	责任
销售	以“销售最大化”为目标，从事接单、交货、回款等一系列的活动，为生产部门获取订单，扩大事业规模
制造	按照顾客要求的品质和交货期限提供产品及服务，追求附加价值的最大化
研发	开发出符合社会要求的新产品和新技术，为制造部门提供新的产品和服务价值。此外，还要创造新价值，开拓新市场
管理	通过向员工灌输经营理念和公司方针，设定和运用管理规则，支持核算部门，实现健全的企业经营

要注意的是，以上四项职能都是用在制造业的。如果是服务业，就要将其中的“制造”改为“服务”；将“研发”改为“策划”。

2. 是否尽到了应尽的职责

确定各个阿米巴的职能和责任，看上去似乎是理所当然的事。但是，在实际的企业经营中，就有因为职责划分不明确，销售部门承担了制造部门的部分职责的情况。更有甚者，有些必不可少的职能缺失了。

下面介绍公司职能和责任不明确的案例。

案例 1

A 公司的工厂（制造部门）从事印刷业务。由于没有专用设备，工厂将手册和挂历等的装订业务外包给了其他企业，但这个外包业务的管理工作交由销售部门的员工来负责。

秋冬季节是手册和挂历制作的旺季，A 公司获得的印刷订单却开始减少。销售人员汇报时理由十足：“由于外包管理占用了时间，销售工作无法充分展开。”

而且，客户还经常抱怨手册和挂历的质量不好，但制造部门的反应很冷淡，他们会说：“这是销售部门的外包工作没有做好，跟工厂没有关系。”

在这种情况下，A公司的销售人员获取的手册和挂历的订单越多，外包管理的工作就越多，就越无法挤出时间来从事本来应该做的销售业务。而且，由于制造部门没有参与外包管理的工作，所以就无法对外包的产品质量负最终责任。

我们在中小企业中经常可以看到这样的案例。但是，如果对照之前所讲过的按职能来划分的话，外包生产属于产品制造的工序，应该是由制造部门负责的业务。

就像这样，如果制造部门的一部分职能由销售部门来承担，销售部门就无法专注于销售的本职工作，就会造成订单减少的后果。而制造部门由于没有对产品制造进行统一管理，质量管理就不到位，就不能充分发挥制造部门应有的作用。

案例 2

从事零部件加工业的 B 公司，没有明确规定加工完成的产品由哪个部门来进行装箱和包装作业。有时候由制造部门的员工做，但大多数时候由销售部门的员工承担。B 公司擅长加工的大型零部件的包装作业，既费时又费力。

在某天的销售会议上，业务员提到了无法增加上门拜访客户的次数的问题。面对销售部长的质询，很多部下都回答说："由于被包装作业占用了很多时间，所以没时间拜访客户。"

在这个案例中，由于没有明确划分销售部门和制造部门的职责，本来应该由制造部门负责的业务实际上却由销售部门的员工负责。这样做的结果就是，两个部门都没有充分发挥应有的作用。

在阿米巴经营中，包装作业，也就是让产品达到能够向客户交货状态的工作，由制造部门负责。

在以上的两个案例中，首先要做的，就是明

确销售部门和制造部门的职能和责任。如果没有足够的人手来完成相应的工作，也不能新增专门应对的岗位，那么至少应该采用让销售部门的员工来“支援”制造部门的方式。

这样定位之后，在阿米巴经营中要将支援所花费的时间，从销售部门转移到制造部门。关于时间转移的内容将在第四章做详细说明。

3. 有无缺失的职能

此外，在经营活动中，还有缺失必备职能的案例。

案例 3

从事外包生产工作的C公司，大部分销售额来自于大公司D的订单。由于是经常性的交易，每到月末，C公司就能从D公司得到下个月的订单信息。由于和大客户建立了长期稳定的合作关系，所以C公司根本就没有销售部门。交货日期和数量由生产部门的员工来确认，销售价格等交易条件，由社长直接和D公司的采购部交涉决定。

但是，从某一时期起，D公司的经营状况开始恶化，发给C公司的订单大幅减少。销售额骤减的C公司慌忙着手开拓新客户，但是由于没有负责销售的部门，只有靠社长自己拼命努力，好不容易才获得了一家新客户。

很多和大企业建立了稳定交易关系的外包企业，由于不设销售部门也可有订单，所以往往不设置销售经理，而由生产管理部门作为接单窗口。

对照前述的企业经营所必需的四个职能，这个案例中由于没有销售部门，所以该企业就无法持续开展销售部门应有的开发新客户的业务。

综上所述，在阿米巴经营的组织建设方面，明确四个职能并确定各自的责任是十分重要的。如果组织编制符合这样的要求，那么所有员工都能明确自己应负责的业务，就能怀着使命感投入工作。

4. 是核算部门还是非核算部门

在基于企业经营必需的四个职能的基础上，确定各部门的相应作用之后，接着就要判断某个部门到底是“核算部门”，还是“非核算部门”。所谓核算部门，就是在企业经营中有收入，对利润负有责任的部门。所谓非核算部门，就是支援核算部门，支持其顺利、健康地开展业务的部门。

接下来，我们按照先前列举的四个职能，来分别确定核算部门和非核算部门。

（1）将制造部门、销售部门作为核算部门

在很多制造业的标准成本计算中，制造部门被定义为成本管理的费用中心，不对利润负责。另外，销售部门虽然对销售额和毛利负责，但却无法控制成本。所以，对利润负责的，只有统括销售和制造两个部门的少数经营干部。

与此不同，在阿米巴经营中，采取“制造部门是利润中心”这一思路。具体的做法是，将制造部门作为管理收入和费用的独立核算部门；销

售部门也被作为管理收入和相应费用的核算部门。这两个部门员工人数最多，将它们作为独立核算部门，就能让更多的员工提高核算意识。

（2）将管理部门作为非核算部门

一般而言，管理部门的职责是支持其他部门和员工以实现企业的发展。管理部门还要在全公司贯彻必需的规则和制度。在阿米巴经营中，管理部门的职责基本也是这样。

导入阿米巴经营时，如果因为想增加核算部门的数量而将管理部门定位为核算部门，将其提供的服务有偿化，那么有的部门会不愿意接受这种服务。这样的话，管理部门就有可能无法向全体员工平等地提供均质服务。从这一点看，管理部门应该作为非核算部门。

但是，阿米巴经营要求管理部门在保证服务质量的同时，追求费用的最小化。管理部门和核算部门一样，要细分费用科目，每个月进行严格确认，这样才能持续地以低成本提供高质量的服务。

即使作为非核算部门，管理部门的员工也要追求“费用最小化”，由此提高核算意识，提高经营者意识。

（3）根据情况可考虑将研发部门作为核算部门

研发部门可分为负责产品设计开发的开发部门和进行基础技术等研究的研究部门。一般而言，不将其视为核算部门。

但是，如果能制定一个规则，让开发部门从其所开发产品的销售额或生产量中获得一定比例的收入的话，也可以将开发部门定位为核算部门。如果将开发部门作为核算部门，就可以要求开发部门拥有迅速了解市场需求，将其转化为研发成果的意识并采取行动。

另一方面，研究部门的工作很难与短期收益挂钩。而且，很多时候要将个别的产品直接与研究成果挂钩也很困难。特别是基础技术研究这种需要长期努力的领域，一味追求短期结果反而会妨碍研究开发工作的顺利开展。

所以，要将研究部门作为非核算部门，将其

成本视为全公司的公摊费用。

但是，即便是将研究部门作为非核算部门，研究人员的成本意识和经营者意识也是很重要的。在月度例会等场合讨论部门费用时，要努力唤起研究人员的使命感和责任心，激励他们不要浪费，要尽早取得研究成果，这一点很重要。

三、组织细分的三个条件

组织细分并不是越细越好。

阿米巴经营组织构建的特征，是将组织细分为 5 ~ 10 人的小阿米巴。各个阿米巴作为公司整体的一部分，发挥某一作用的同时，还以自主独立核算的方式，实现“全员参与的经营”。

那么，为什么要细分为小组织呢？因为组织越小，就越能搞清楚每个人的贡献率。比如说，如果 100 个人的组织中有 1 名员工削减了自己 10% 的费用，从组织整体的角度而言，看不出有什么影响。如果他偷了点懒，也不突出，容易被忽视。

但如果是 5 个人的组织，1 个员工削减了 10% 的费用，就会给组织带来较大影响。浪费和节约都一目了然，员工就会更加努力。

但是，划分组织是有条件的，并不是把组织分得越细越好。为了最大限度发挥细分后的各个组织的职能，阿米巴经营遵循以下三个“组织细分的条件”：

条件 1：能够成为独立核算的单位；

条件 2：能够独立完成一项业务；

条件 3：有利于贯彻公司整体的目的和方针。

E 公司是一家从事外包制造的公司，按照家电公司要求的规格制造产品。如表 3–2 所示，这家公司的组织由“部”“科”“系”“班”构成。

下面用 E 公司的案例进行说明。

1. 能够成为独立核算的单位吗

要把握核算数字，就必须确定收入和费用这两个方面，而要认识收入，就必须制定明确的规则，规定“什么样的行为能被定义是为这个部门带来了收入”。

表 3-2 E公司组织架构

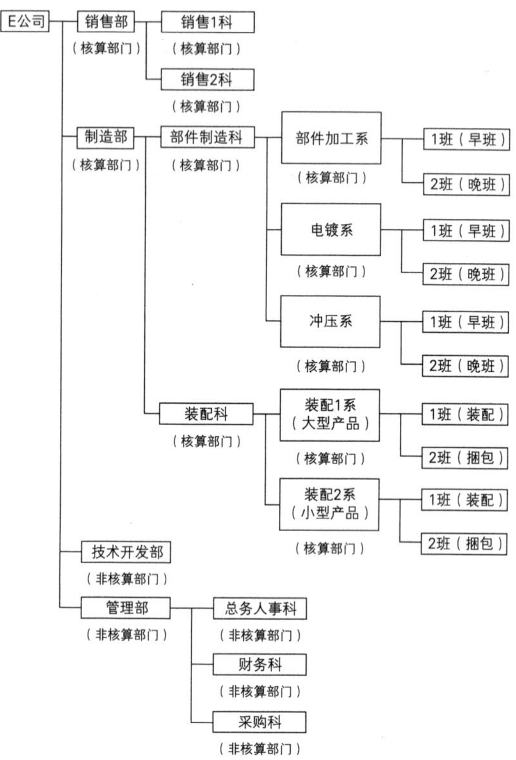
E公司
销售部
（核算部门）
销售1科
（核算部门）
销售2科
（核算部门）
制造部
（核算部门）
部件制造科
（核算部门）
部件加工系
（核算部门）
1班（早班）
2班（晚班）
电镀系
（核算部门）
1班（早班）
2班（晚班）
冲压系
（核算部门）
1班（早班）
2班（晚班）
装配科
（核算部门）
装配1系
（大型产品）
（核算部门）
1班（装配）
2班（捆包）
装配2系
（小型产品）
（核算部门）
1班（装配）
2班（捆包）
技术开发部
（非核算部门）
管理部
（非核算部门）
总务人事科
（非核算部门）
财务科
（非核算部门）
采购科
（非核算部门）

E 公司部件制造科由部件加工、电镀、冲压这些不同工序的系组成。每个系都能根据“单价 × 数量”这一规则来确定收入。而且，因为每个系所用的原材料和设备不同，费用也能明确划分，所以可以把这个科按工序细分为系。

那么，还能再细分吗？每个系都有 2 个班（早班和晚班），不断交替进行连续生产。这个时候，或许有人认为，还能够进一步按照班来细分。

但是，早班的半成品往往由晚班继续完成，所以无法区分以班为单位的收入。而且，原材料和消耗品也是一起购入的，是用同样设备进行生产的，所以也难以区分以班为单位的费用。

因此，部件制造科的核算单位无法细分到班，而应该将系作为最小的独立核算单位，两个班共同协作，开展活动，提高核算效益。

2. 能够独立完成一项业务吗

虽然已细分了组织，但如果建立的组织没有创新的空间，那就没有意义了。所以，业务的细分，要能使该组织的领导人抱着“经营者”的使命感而发挥作用。

E公司的装配科，将部件制造科生产的部件和外部购入的部件，装配成最终成品出货。科内分两个系，装配大型产品的装配1系和装配小型产品的装配2系。这两个系能够按照各自的订单，制定高效的生产计划，能够自己想方设法提高核算效益。

另外，每个系都由负责装配的1班和负责捆包的2班构成。每个班的班长进行现场管理，对产品质量和生产效率负责。如果2班从1班处购买装配好的产品，将其捆包后出货，似乎可以将两个班都作为独立核算的组织进行细分。

然而，负责捆包的2班虽然可以不断改善生产，提高效率，但其生产数量受1班产量的限制。即使把2班作为独立核算的组织，其创新的空间也很小，很难有成就感。在这种情况下，将2班负责的捆包作业视为“装配流程的最后工序”是比较妥当的，但作为核算单位，分到系为止即可，这样可以让组织在运行中钻研创新。

3. 有利于贯彻公司整体的目的和方针吗

每家企业在经营中都有重要的经营目的和方针。在划分组织时，必须考虑到不能与公司的目的和方针发生矛盾。

E 公司的销售部有两个科，销售活动的内容大致如下：

- 根据客户的询价，给出报价，获得订单；
- 交付成品，获取销售额；
- 回收货款。

假设按这些不同的活动，来确定各自的领导人，将其细分为独立核算的组织，会出现什么情况呢？

一方面，负责接单的部门因为只要接到订单就会有收入，所以就可能不考虑是否能按客户要求交货而拼命接单，或者不重视货款的回收，即便是信用有问题的客户，也会忽视其信用，而强调接单优先。另一方面，负责货款回收的部门，只要收到了货款就能提高业绩，所以对销售最大化，也就是会对新订单的获取漠不关心。

当然，如果制定一定的规则来规定相应部门的收入，也可以将销售部门划分成独立核算的组织。但在这种情况下，销售本来的作用，即“以‘销售最大化’为目标，展开接单、交货、货款回收等一系列活动，为制造部门带来生产订单，扩大企业规模”这一作用就很难发挥。

更不用说，这样的组织划分无法为客户提供最好的服务。与客户的关系，是通过接单及之后的按期交货、回款等一系列活动建立的。所以，在这种情况下，不能按照业务类别来划分组织，应该以科为最小单位来进行核算管理。

以上论述了组织细分的三个条件。细分的目的是提高每一位员工参与经营的意识。为了实现这个目的，要在满足上述三个条件的前提下思考组织的编制。

四、实践案例：日航的组织重组

1. 日航本质上属于彻头彻尾的服务行业

我们已经介绍了阿米巴经营中组织编制的基本思维方式。首先明确组织的职能和责任，确定其是核算部门还是非核算部门，在此基础上对组织进行细分。这些内容，不论行业或组织规模，任何企业都能适用。接下来，我们要应用之前介绍的组织编制的基本原则，来分析日航重建过程中的组织重组。

日航导入阿米巴经营时，是一个拥有 3.2 万名员工的巨大组织。工种从飞机驾驶、空乘到地勤、维修保养等，种类繁多；分支机构遍布全世界。此外，就像第二章中提到过的那样，航空运输业虽然是装备产业，但本质上是一个

“彻头彻尾的服务行业”，这是航空运输业的特征。接下来，我们将介绍日航的组织重组，将其作为服务业或大企业导入阿米巴经营的一个典型案例。

在第二章中介绍过，日航重建的前提是“哲学”和“阿米巴”这两个轮子相互联动，或者说是两者共同发挥作用。在这里，主要介绍阿米巴经营导入时的组织重组。

2. 日航没有对利润负责的部门

当时日航的组织由提供旅客运输服务的“航运本部”“客舱本部”“机场本部”“整备本部”[①]和负责销售的“销售本部”“货物邮件本部”以及“总部间接部门”构成（表 3–3）。

其中，承担销售职能的销售本部和货物邮件本部被定位为“收入中心”，只对销售收入进行管理，而对利润不负责任；而“航运本部”“客舱本部”“机场本部”“整备本部”被定位为只对

① 负责飞机维护保养的部门。——译者注

费用负责的“费用中心”。

这里，不存在对收入和费用都进行控制的利润中心，没有进行核算管理的体制，也没有对利润负责的人。

时任社长的大西贤先生后来这么说：“在当时的日航，假设有人问大家，‘利润是谁负责的？’不会有任何人举手，只能是我这位社长举手。以当时的组织架构，没有人会举手说‘我为这个部门的利润负责’。由于大家对利润没有责任感，所以也没有追求销售最大化和削减费用的动机和意志。”

阿米巴经营导入前的日航组织架构，如表3–3所示：

表 3-3　阿米巴经营导入前的日本航空公司组织架构

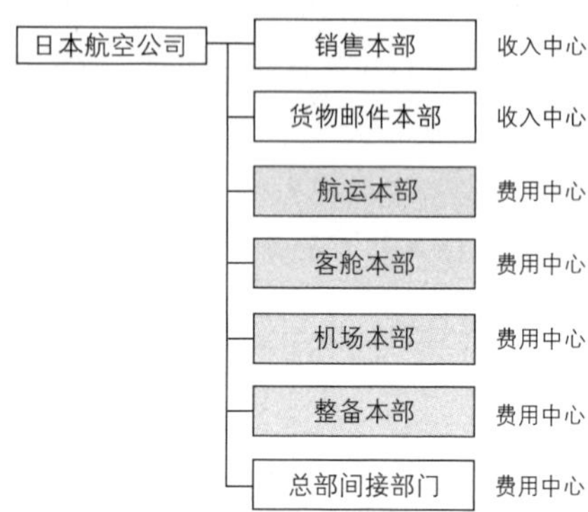

3. 新设“航线统括本部”

在组织编制上，关键是要有一个部门来对销售收入和费用之间的差额，也就是利润负责。

在设置对利润负责的部门时，讨论最多的是：旅客运输服务应该以什么为单位来核算？

比如，有的意见认为，可以将机场视为核算单位，我们讨论了很多方案。最终，按照稻盛的指示，应该以每条航线、每个航班为单位进行核算。

在得出这个结论之后，决定在维持航运、客舱、机场、整备这4个本部不变的同时，新设对利润负责的组织，即“航线统括本部”。航线统括本部的作用是制定航运计划，并在航运、客舱、机场、整备等各本部的支持下，执行这个计划，由此创造利润。

同时，销售本部被改编成“旅客销售统括本部”，货物邮件本部被改编成“货物邮件事业本部”。

这3个部门都被作为核算部门，负责本部门的业务并创造利润（表3–4）。而一直以来被定为费用中心的航运、客舱、机场、整备这4个本部，是日本航空集团3.2万名员工中大多数人所在的部门。“这些每天在现场辛苦工作的员工们最需要提高核算意识”，根据这一判断，将这些部门也设置为核算部门。它们的收入来自于向航线统括本部提供支援所获得的“内部协作报酬”。这样，被定义为核算部门的航线统括本部和这4个本部，将创造为旅客提供运输服务的附加价值。（这里提到的“内部协作报酬”的详细内容

将在第四章中进行说明）

另外，在日航，航线统括本部、旅客销售统括本部和货物邮件事业本部被统称为“事业部门”，而航运、客舱、机场、整备这4个本部被统称为“事业支援部门”。

随着阿米巴经营的导入，诞生了新的核算部门，更多的员工具备了核算意识，日航的经营效益因此得到了飞跃性的提升。

表 3–4 阿米巴经营导入后的日本航空公司组织架构

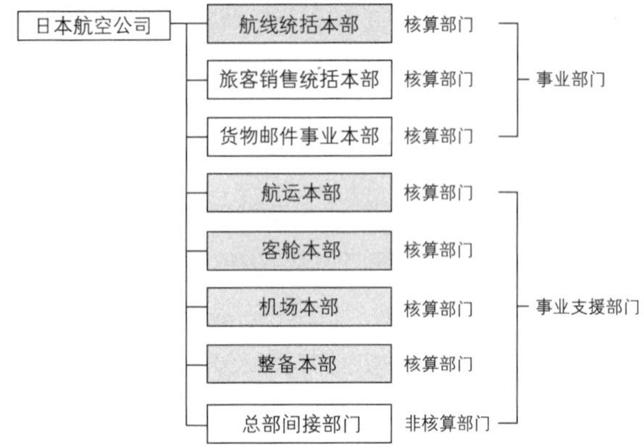

五、构建能随时战斗的组织

1. 灵活改编组织

在一般企业中，组织的调整以半年或一年一次的频度进行。但是，市场随时在变化，例如过去就发生过泡沫经济的破灭、日元的急剧升值，以及雷曼金融危机等情况，经常会有大规模的经济变动。为了灵活应对这样的变化，就要在必要时进行组织改编。

在阿米巴经营中，已经建立的组织可以随着市场的缩小或扩大进行灵活、迅速的改编，可以随时根据不断变化的市场进行组织的分割和统合。

同样，在企业经营管理中也体现出这种灵活性。

在一般企业里，各个事业部或分支机构自己制作经营数据资料，在组织需要重组时，往往需要花很长时间来收集整理数据信息。而阿米巴经营的经营数据资料是统一的“单位时间核算表”，由各阿米巴分别统计。统计实绩的标准是全公司统一的。

比如，从按事业部划分向按分支机构划分而重组组织时，阿米巴可以迅速统计实绩并制作出新的分部门核算的单位时间核算表。

关键在于：不管是按事业部划分还是按分支机构划分的组织，管理部门都要将其作为一个独立的单位来设置。公司不认可事业部或分支机构的规则，而是运用全公司统一的规则，所以可以灵活地应对组织改编。

2. 看清领导人的实力

在细分组织时，必须选定各个部门的领导人。很多企业在这个时候面临的烦恼是，没有合适的人选来负责阿米巴的运营。

领导人的选择是一个难题。不管是从人格还

是能力来说，适合做组织领导者的人才往往不多。如果让符合要求的一小部分人兼任多个组织的领导人，组织细分就没有意义了。而如果随意任命领导人并委以重任的话，反而会导致现场的混乱。

那么，应该怎么做呢？在这种情况下，要选择那些能力和经验虽然不足，但却有干劲，愿意为组织尽力尽责的人，让他们先成为各个小阿米巴的领导人。

然后，随着这些领导人经验的积累，随着他们不断成长，就能让他们领导更大的组织。

相反，如果不能胜任领导人的岗位，可以缩小他的组织，或是与其他组织合并，采取灵活的应对方法。在组织编制时，需要看清楚领导人的实力，并据此对组织进行相应的改编。

3. 支撑阿米巴经营的经营管理部门

就像一开始说明的那样，要让阿米巴经营正常发挥功效，就需要有维持其架构和规则的职能部门。下面将要说明的就是在阿米巴经营中非常有特色的组织——经营管理部门，以及与一般企业中作用有所不同的采购部门。

要让阿米巴经营正常发挥功效，就有必要新设一个部门来制定和贯彻规则，并将这些规则背后的经营思想渗透给每个员工，这个部门就是“经营管理部门”。

经营管理部门要发挥以下三个作用：

①构筑让阿米巴经营正常发挥职能的基础架构

·构筑计算部门收入的机制。

·制定票据处理规则等各种规则，并加以执行。

②及时准确地提供经营信息

·制作单位时间核算表，及时提供给经营高层、各部门负责人及全体员工。

③管理公司资产，实现资产的健全化

·合理管理应收货款、产品库存和固定资产等公司财产。例如，随时掌握产品库存，如果将来难以销售出去的话，就要敦促相关部门迅速进行报废处理。

·管理对象不仅是资产负债表上记入的各种资产，还包括通过阿米巴经营对“接单余额”等各种余额进行独立管理。这些内容将在第四章中做详细说明。

为了发挥这些作用，经营管理部门要对经营中各个阶段的物品、钱款、信息进行核查。比如，如果是订单生产方式，就要经历“从客户处接单→原材料下单→采购物资入库→产品生产→产品出货（销售额）→请款→入账”的流程。经营管理部门要在这个流程的各个阶段对现场的各个阿米巴进行指导，以保证票据处理得正确、及时。

这样，就能正确把握经营过程中各阶段的钱款和物品的数量。**经营管理部门必须遵循公平公正的规则，正确、迅速地整理经营信息，并及时提供给经营高层和相关事业部门。**

经常有人将经营管理部门与财务部门作对

比，两者的作用是不同的。经营管理部门制作的是单位时间核算表，而财务部门制作的是财务报表。两个部门密切沟通，开展工作。

在一般企业的会计业务中，相对于“管理会计”，更重视“财务报表”的制作。在这种情况下，负责财务会计的财务部门承担会计实操的主要责任，收集、统计销售数据、制造成本、销售费用及一般管理费用等数据。而管理会计所需要的数据，一般由财务部门统计的数据转化而来。

与此不同，在阿米巴经营中，经营管理部门为了明确每天的经营实绩，要以天为单位处理各种票据并统计实绩。财务部门以这些数据为基础制作财务报表。财务部门和经营管理部门共享统一的数据，能加强财务会计和管理会计之间的合作。

4. 承担管理职能的采购部门

采购部门根据各个阿米巴的要求，统一开展采购活动，如期采购优质低价的物料。采购部门的作用如下：

①负责给供应商下单，交涉价格和交货日期（供应商的选定、价格及交货日期的交涉及确定、订单制作，等等）；

②寻找新供应商，寻找更好的新材料及部件等。

一般企业中，采购部门往往被放在制造部门内。在阿米巴经营中，采购部门不属于制造部门，而是被定位在管理部门。这是为了进行组织的双重确认，以避免采购出现差错，以及与供应商的内外串通。

此外，通过集中采购，可以积累采购经验，提高价格交涉能力。

为了进行双重确认，在阿米巴经营中，以下4个部门参与采购流程：

· 提出采购申请的部门（申请部门）；
· 采购部门；
· 经营管理部门；
· 财务部门。

首先，供应商的选定和价格交涉、下单业务，不由实际需要物资的申请部门负责，而是交由采购部门执行。到货后，物资不是直接送达采购部门或申请部门，而是由经营管理部门接收。另外，货款不是由开票据的部门支付，而是由财务部门支付。

这 4 个部门各自发挥作用，开展采购活动。在下单、交货和支付各个环节上，彼此相互牵制，这样就能防患于未然，在采购活动中防止差错及舞弊。

04

第四章

通过核算管理激发员工干劲
——制定运用规则

一、追究本质的稻盛会计学

1. 提高使命感，防止差错

在第三章里讲述了按职能确定组织的作用；在明确是核算部门还是非核算部门的基础上细分组织；让全体员工带着使命感投入工作。这样，公司的职能就能最大限度地发挥出来。

本章将要说明，在按职能细分了阿米巴之后，为了管理好各个阿米巴的核算所需要的“运用规则”及其制定方法。

制定运用规则的最大目的是激发员工的干劲。公司组织说到底是人的集合体，如果每个人都能意识到核算的重要性，认真参与经营，组织所能发挥的力量就会大大增加。

为此，首先，必须及时公布各个阿米巴的实

绩，这是努力实践“销售最大化，费用最小化”的成果。如果今天拼命工作的结果，第二天就能知道，全体员工就会自然而然地关心实绩数字。而且，如果他们能够感受到实绩的数字在一天天积累，就会产生目标达成的成就感和快乐感。所以，能够实时确认成果是很重要的。

同时，实时提供的经营数字，是达成目标的计数器，它所起的作用就像飞机驾驶舱里的仪表盘一样。因此，它必须是每天努力工作的全体员工能够信任的、完美无缺的东西。

在制定规则时，还有一点非常重要：不能只强调达成目标的重要性而让员工形成自我中心主义或利己主义，抑或是制定让特定的部门获益的不公正、不公平的规则。还有，**决不能容忍数字作假和隐瞒数字。**

因此，只是按照会计常识或一般性理论，无法制定这样的运用规则。“会计工作本来应该是怎样的？”只有追究这个本质，才能提高每一位员工的使命感和能力，保护他们免于差错和过失，建立筋肉坚实的企业体质。当有人质疑“为什么是这样的规则”时，必须准备好答案，基于每个人都能认同的原理原则给出答案。

在本章中，首先，将依据“稻盛会计学”来说明制定运用规则时最重要的会计的本质，在此基础上，说明如何用数字来表示员工们为实现“销售最大化，费用最小化”目标而努力取得的结果；说明为了激发员工的干劲，该用什么方法来统计“收入”和“费用”，并说明制定单位时间核算表所需的“时间”的取数方法。接下来将介绍以上述实绩为基础制作的单位时间核算表，这是阿米巴经营中最为重要的月度经营数据资料。

2. 从实际经验中产生的“会计七原则”

在导入阿米巴经营时非常重要的是，这个组织的会计处理必须是光明正大、正确而迅速的。

经营数据资料对于经营者、阿米巴的领导人、阿米巴成员来说，必须真实完整地反映现在的经营状况。特别是在阿米巴经营中，每天都必须正确且迅速地进行会计处理，让大家随时都能正确把握各个阿米巴的销售、生产、费用和时间等数据，而这种会计处理的基础性的思维方式就是“稻盛会计学”。

在判断事物时，重要的是随时探究事物的本质，以“作为人，何谓正确”这一判断基准进行判断。这在会计处理上也是一样。

比如在京瓷，对设备进行折旧时，并不按照税法规定的“法定使用年限”，而是正确估算出每台设备能够正常使用的时间，确定“自主使用年限”，以此为标准进行折旧。

因为在税务上还是要按照“法定使用年限”计算折旧，所以必须同时采用两种方式计算折旧，这可能会让人感觉比较烦琐。但是，如果追根溯源，探究为什么要折旧这个问题的本质，就会知道，用每台设备能够正常使用的年限来计算折旧，这样计入的费用才能反映经营的真实状况。

重要的是，不以会计固有的思维方式和惯例为基准简单地进行判断，而是要追究本质，回归经营的原理原则。

下面，我们要对“稻盛会计学”的七个原则，特别是对其中与阿米巴关系密切的要点进行解说。“稻盛会计学”是稻盛根据亲身体验而确立的会计学说。

（1）一一对应的原则

在日常的经营活动中，物品和钱款都在不停地流转。**在会计处理中，必须要让物品和票据（钱款）一一对应**，我们称之为一一对应的原则。

比如说，突然需要某个部件，由于非常紧急，所以直接下单而将票据处理推迟了。在这种情况下，部件购入了，使用了，但在会计上还未作为费用计入，这样的会计数字就不能正确地反映经营的实际状态，经营者也就不能据此做出正确的经营判断。

无论何时，都要贯彻一一对应的原则，物品发生了移动，就必须填写票据。这样的话，就随时都可以正确把握物品和钱款的流动状况，这样的会计数字才能正确反映公司的实际状况。

（2）双重确认的原则

人有时候会鬼使神差，犯低级错误。比如说，这个月的实绩达不到预定计划，有些人就会忍不住篡改数字。这种事情可能发生。因为人有这种弱点，为了保护员工，就需要几个人或部门间相互确认，才能确保会计处理的正确性，这就是双重确认的原则。

为此，经手物品及钱款的人要和填写单据的人分开来，从采购品的入库、产品的出货到应收账款的回收，在各个环节上，建立双重确认的体制，是很重要的。

建立让所有的业务流程都彻底贯彻双重确认原则的经营体制，才能提高经营数字的可信度，同时，这也是为了避免员工犯错误，是爱护他们的表现。

（3）完美主义的原则

所谓完美主义的原则，就是不容许有丝毫的暧昧和妥协，每一个细节要努力追求完美。这是全体员工对待工作应该采取的基本态度。

例如，对于销售或核算的目标，“虽然没有100% 完成，但完成了 95%，所以也算不错了”，这样的想法不可取。因为这么一来，“如果 95% 就算不错的话，90% 或 80% 不也可以吗？”公司内部纪律就会松弛。**全体员工都追求完美，直到最后，都以顽强的意志投入工作，才可能完成计划。**

实践完美主义的原则非常困难，但是当我们在所有工作中始终追求完美时，就能孕育出卓越的产品和服务。这在会计处理时也一样，必须是 100% 正确的数字。以这种态度投入工作非常重要。

（4）筋肉坚实的原则

在企业经营中，构筑无赘肉的、筋肉坚实的经营体质是很重要的。因此，对于不产生销售和利润的多余的库存和设备一概不要，应该追求“筋肉坚实的经营”。

例如，采购原材料或商品时，“只在必要的时候购买必要的东西，而且只买需要的量”，这就是“按需购买的原则”。只有遵守这一点，大家才能珍惜手头现有的东西。而且，由于没有多余的库存，也就不需要管理这些库存的费用、场地和时间。

为了让业绩好看，有人会把卖不出去的产品作为库存记入，或者迟迟不处理不良债权。这就不能说是实践了“筋肉坚实的经营”。对于库存和债权，要设定严格的运用规则加以管理。

只要这样持续地努力，公司就能始终保持健全而坚固的经营体质。

（5）提高效益的原则

为了追求全体员工的幸福，为了给股票持有者带来回报，企业需要不断提高核算效益，强化财务管理体制，推动公司不断发展。

在阿米巴经营中，为了提高核算效益，就要彻底实践“销售最大化，费用最小化”这一条原则。全体员工都持有经营者意识，锐意创新，团结一致，全力提高核算效益。这样就能建立强有力的企业体制。

（6）现金为本的经营原则

所谓现金为本的经营原则，就是依据“现金的流动”来经营企业，就这么简单。

在现代会计制度中，是依据所谓“发生主义”的思维方式进行会计处理的，所以有时候，收款或付款的时间点和作为收入或费用入账的时间点会出现差异。因此，实际的资金流动和财务报表中的损益变化，这两者会脱节，这样经营者就难以搞清经营的实态。

所以在经营中，要关注经营中最重要的“现金”，将实际发生的“现金流动”与“利润”直接挂钩。详细内容会在后面说明。公司内部会计处理和单位时间核算规则也要依据“现金为本的经营原则”，这是非常重要的。

（7）玻璃般透明的经营原则

所谓玻璃般透明的经营原则，就是说不仅仅经营者要把握公司的实际情况，而且全体员工都能了解公司经营状况。阿米巴经营追求的是“全员参与的经营”，全体员工都需要知道自己部门

以及整个公司的经营状况和经营方针，这一点至关重要。因为员工只有了解经营的实际状况，清楚自身前进的方向，才能产生参与经营的意识。

在实际的阿米巴经营中，每天的晨会都会公布各个阿米巴到前一天为止的实绩。各个事业部门和公司整体的月度业绩也会按月公布，全体员工由此可以了解公司的经营状况。正因为全体员工都知道自己部门的销售、费用和时间等详细内容，所以每天都能为提高核算效益采取具体行动。

而且，在贯彻前述的一一对应的原则和双重确认的原则的同时，忠实地执行玻璃般透明的经营原则，就能提高士气，防止舞弊和丑闻的发生，建立强有力的经营体制。

彻底贯彻上述七个会计原则，公司内的会计处理就能够做到光明正大、正确迅速。用这种会计处理方式计算出的实绩就能正确反映各个部门的实际经营情况。这样就可以构筑坚如磐石的会计系统，这是阿米巴经营的基础。

二、明确收入

1. 计算阿米巴收入的三种形式和公司内部协作报酬

如果能每天实时掌握工作的成果，员工就会关心这个成果，就会为获得更好的成果主动出谋划策。为此，就必须建立机制，明确反映工作成果——“收入”。

如果现场的员工都知道“今天工作一天，获得这么多的收入”的话，就会有“只要工作，就一定会获得相应的收入”的这种感觉，就能习惯性地拥有核算意识。这样的话，他们就不再是一天天重复简单的作业，而是为追求“销售最大化，费用最小化”而钻研创新，不懈努力。

为此，阿米巴的核算必须尽可能简单易懂，

而且可以实时把握。如果是像财务报表那样复杂的东西，现场的员工们不会感兴趣，也就不会有主动性了。

同时，用金额表示成果也非常重要。比如说，在生产现场，大多数情况下会以产品的数量或重量为单位进行管理，这样员工就产生不了核算意识。只要将产品的数量乘以单价，就能算出生产金额。再弄清楚为了达到这个生产金额需要多少费用，现场员工的核算意识就能得到提高。

如果用金额来表示成果，那么产品降价导致的收入减少，成品率降低导致的原材料使用量的增加等，员工就会有切身感受，就能引发“必须要做点什么”的动机。

如上所述，实时地用金额来计算收入，对于建立激发全体员工干劲的核算管理机制，也是非常重要的。

接下来，我们首先要解说“订单生产方式”和“库存销售方式”中收入的计算方法。在此基础上，对组织细分所必需的“公司内部买卖”及其升级版的“公司内部协作报酬”机制进行说明。

- 订单生产方式；
- 库存销售方式；
- 公司内部买卖；
- 公司内部协作报酬（公司内部买卖的升级版）。

（1）订单生产方式

所谓订单生产方式，指的是在“从客户处拿到订单，按照订单规格生产和销售产品的商业模式”中，设定销售部门和制造部门收入的机制。

在订单生产方式中，生产的产品不能卖给第三方，每一款产品的价格都需要与客户交涉后确定，并要求在订单价格的范围内获取利润。为此，把“订单金额 = 销售金额 = 生产金额”都作为制造部门的收入。制造部门需要时常关注市场价格，彻底降低成本，以确保能在这个价格范围内获取足够的利润。

假设现在销售单价下降了。这种市场动向的

变化，会在客户询价阶段和公司接单阶段直接传递给制造部门的各个阿米巴。制造部门的各个阿米巴就能事先觉察单价下降对于核算效益的影响，立刻采取改进生产方法等措施，以保证自己部门仍有足够的利润。具体来说，对于客户的询价，一方面，制造部门的负责人依据“定价即经营”的原则，经过慎重讨论后报价。

另一方面，销售部门把“从制造部门获得的销售佣金”作为收入。

以订单金额2,000万日元，销售佣金率10%为例，如表4-1所示。对于制造部门（对外出货部门）来说，从客户处拿到的销售金额（生产金额）2,000万日元就是收入，生产这些产品所需要的费用加上支付给销售部门的佣金200万日元（2,000万日元 ×10%）就是总费用。

对于销售部门来说，从制造部门拿到的200万日元佣金就是自己的收入。

在表下面表示的是这个交易发生时的“单位时间核算表”，其详细内容会在后面另做详述。

表 4–1 订单生产方式

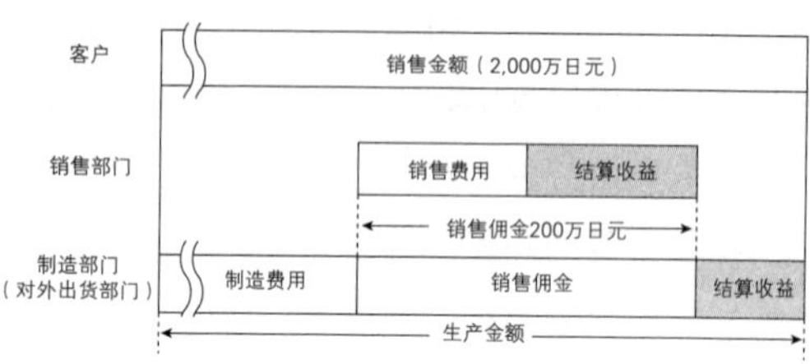

制造部门单位时间核算表　日元、小时

	科目		实绩	算式
①	总出货额		20,000,000	②+③
②	公司对外出货额		20,000,000	= 销售额
③	公司内部销售		0	
④	公司内部购买		0	
⑤	总生产金额		20,000,000	①–④
⑥	费用合计		15,000,000	a–z 的合计
	a	材料费		
		……		
		……		
		……		
	y	销售佣金	2,000,000	
	z	总部费用		
⑦		结算收益	5,000,000	⑤ – ⑥
⑧		总时间	1,000	
⑨		单位时间附加值	5,000	⑦ ÷ ⑧

销售部门单位时间核算表　日元、小时

	科目		实绩	算式
①	接单		20,000,000	
②	总销售额		20,000,000	③+⑥
③	订单生产方式	销售额	20,000,000	
④		收取佣金	2,000,000	
⑤		收益小计	2,000,000	= ④
⑥	库存销售方式	销售额	0	
⑦		内部采购成本	0	
⑧		收益小计	0	⑥–⑦
⑨	总收益		2,000,000	⑤+⑧
⑩	费用合计		1,000,000	a–z 的合计
	a	通信费		
		……		
		……		
	z	总部费用		
⑪	结算收益		1,000,000	⑨ – ⑩
⑫	总时间		200	
⑬	单位时间附加值		5,000	⑪ ÷ ⑫

①让销售部门也能盈利的佣金率

采用佣金方式，销售部门和制造部门可以一起追求“销售最大化”。

那么，“销售佣金率”应该如何设定呢?

佣金率应该根据销售所花费的劳动力和成本，来决定销售部门和制造部门的收入该如何分配。虽说是制造部门对利润负责，但销售部门也要核算盈利。设定合适的佣金率，才能调动销售部门的积极性。

佣金率可以按事业不同分别设定，但一旦设定后，就不能轻易改变。当订单价格苛刻时，制造部门会提出“希望降低佣金率”的要求，但随便降低佣金率，就与“制造部门关注市场价格，在此价格范围内想方设法确保利润”这一宗旨相违背。

②正确反映接单实绩

订单生产方式的一个关键点是如何正确反映接单实绩。

所谓接单实绩，就是“从客户处获得订单时

确定的实绩”。虽然接单实绩不直接影响收支，但基于以下理由，接单实绩是极为重要的经营数字。

· 接单实绩显示销售活动的成果；

· 接单实绩和接单余额合计，是销售额的先行指标；

· 接单实绩是生产活动的起点。

更进一步说，必须对接单本身作严密的定义，严格确定接单实绩的计入方法。比如说，只有满足以下条件，才能作为接单实绩入账。

· 有订货单等凭证；

· 有确定的数量和单价；

· 有明确的交货日期和收货方；

· 有明确的付款条件和运输条件。

如果将口头承诺等不确定的信息视为接单实绩，就有可能产生不良库存。这时候，就需要敦促销售部门尽快将其转化为确凿的订单。

另外，即便严格遵守订单计入的规则，偶尔也会发生数量或金额等订单内容的变更。这本来是不应该发生的，但如果发生了这样的事情，就要迅速在核算表上变更接单实绩。否则，作为先行指标来管理的接单余额就会不正确，其可信度就会降低。

在订单生产方式中，不允许制造部门在没有接单余额的情况下自行安排生产。这是为了让接单实绩和生产实绩一一对应，后面会详细讲解。作为收入而被认可的生产金额，必须始终与接单金额保持一致。

话虽然这么说，但要严格执行这一条是非常困难的。比如，订单数量有 1,000 个，考虑到成品率，在生产时投入了 1,100 个产品所需的原材料。结果生产出了 1,050 个合格品，多出的 50 个不会作为收入被认可，这样核算效益就会降低。

相反，如果只投入 1,010 个产品所需的材料，结果生产出了 960 个合格品，就会导致缺货。

如果因过度追求核算效益而导致缺货，给客

户造成困扰，就可能失去客户。如果成品率或一次成品率不稳定，就不能如期交货，也不能维持一定的核算效益。在订单生产方式中，只有订单上的销售金额（生产金额）才被认可为收入，所以，在准确估算成品率或一次成品率的基础上，决定投入原材料的数量，是非常重要的。

还有，制造部门往往会优先生产容易制造的，或对核算效益贡献度比较大的产品，而不按交货期的先后安排生产。虽然各个阿米巴的经营是独立自主的，但对于可能会对客户造成不良影响的生产安排，应当慎重。

③ E 公司导入阿米巴经营及其改进效果

现在再看一看第三章中所提到的 E 公司的案例。E 公司是一家外包制造公司，该公司根据家电公司的询价，针对客户要求的产品规格，对每种产品，每次都单独报价，然后获取订单，再依据订单内容制造产品，向客户交货。在导入阿米巴经营后，公司的组织架构见表 4–2。

表 4-2 E 公司组织架构

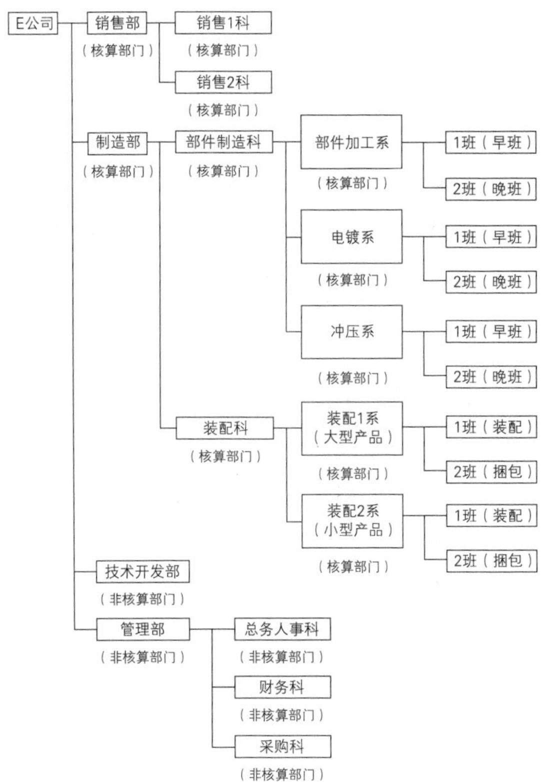

a. 计算收入

E 公司销售 1 科根据家电公司的询价要求，确定产品规格，要求装配 1 系提出制造报价。装配 1 系和装配科的负责人根据产品规格，计算工时和成本，并参照市场价格，提出给客户的报价。

销售 1 科拿到装配 1 系的制造报价后，以此为基础向家电公司报价，获得订单。订单要求供应 15 万个单价 100 日元的产品。销售 1 科依据订单计入 1,500 万日元的接单实绩（100 日元 ×15 万个）。

销售 1 科计入接单实绩后，向装配 1 系发出生产指示。经过部件加工系、电镀系、冲压系等各道工序，最终由装配 1 系完成生产和包装，这个时候计入对外出货实绩 1,500 万日元。

向家电公司交货后，销售 1 科计入 1,500 万日元的销售实绩和 150 万日元的销售佣金（1,500 万日元 ×10%）。

这一整个交易用“单位时间核算表”表示，见表 4–3。另外，公司内部买卖及单位时间核算表将在后面详述。

表 4-3 收入计算

销售 1 科的单位时间核算表 日元、小时

	科目		实绩
A	接单		15,000,000
B	总销售额［（1）+（4）］		15,000,000
	订单生产方式	（1）销售额	15,000,000
		（2）收取佣金	1,500,000
		（3）收益小计［=（2）］	1,500,000
	库存销售方式	（4）销售额	0
		（5）内部采购成本	0
		（6）收益小计［（4 – 5）］	0
C	总收益［（3）+（6）］		1,500,000
D	费用合计（①+②+…+⑫）		500,000
	①通信费		5,000
	②差旅交通费		3,000
	③打包运输费		5,000
	④销售管理费		0
	⑤促销费		0
	⑥广告宣传费		0
	⑦招待费		2,000
	……		……
	⑧公司内部利息		500
	⑨房租		100,000
	⑩内部杂费		50,000
	⑪部内公共费		30,000
	⑫总部费用		15,000
E	结算收益（C – D）		1,000,000

续表

F	总时间（⑬＋⑭＋⑮＋⑯）	200
	⑬正常工作时间 ⑭加班时间 ⑮转移时间 ⑯公共时间	150 30 5 15
G	单位时间附加值（E ÷ F）	5,000

装配 1 系的单位时间核算表　　日元、小时

	科目	实绩
A	总出货额（B＋C）	15,000,000
B	公司对外出货额	15,000,000
C	公司内部销售	0
D	公司内部购买	9,000,000
E	总生产额（A－D）	6,000,000
F	费用合计（①＋②＋…＋⑩）	5,000,000
	①材料费 ②五金配件・外购商品费 ③外包费 ④修理费 ⑤电费 …… ⑥折旧费及固定资产利息 ⑦内部杂费 ⑧部内公共费 ⑨销售佣金 ⑩总部费用	2,000,000 500,000 600,000 100,000 80,000 …… 50,000 20,000 60,000 1,500,000 30,000
G	结算收益（E－F）	1,000,000

续表

H	总时间（⑪＋⑫＋⑬＋⑭）	400
	⑪正常工作时间 ⑫加班时间 ⑬转移时间 ⑭公共时间	300 60 15 25
I	单位时间附加值（G ÷ H）	2,500

b. 应对降价要求

在不断发生交易的过程中，订货方的家电公司提出了降价要求，必须将单价降低到 95 日元。销售 1 科接到这个要求后，与装配 1 系探讨单价 95 日元是否可以盈利。

装配 1 系和前道工序的阿米巴，也就是部件加工系共同商议，重估了生产全流程的成本，得出了预测。只要实施提高成品率、减少原材料费用，以及削减工时的对策，95 日元的单价是可以盈利的。由于装配 1 系的出货金额将会减少至 1,425 万日元（95 日元 ×15 万个），公司内部买卖价格也要随着成本削减而进行调整。

就是这样，阿米巴能够针对市场价格的变化立即采取相应的措施。

在这以前，现场的员工不会关注接单价格，不会自主采取行动。但是，导入阿米巴经营之后，员工能迅速应对客户的降价要求。员工这种意识和行动上的变化，就是公司向高收益企业转变的起点。

表 4-4 显示了装配 1 系在应对降价要求后的单位时间核算表的变化情况。

c. 不进行估量生产

以前，E 公司从家电公司拿到的订单的交货日期都很短，如果等拿到订单后再开始生产，就会赶不上交货日期，所以部件加工系就会经常性地进行估量生产。

现在，家电公司遇到了经营困难，发给 E 公司的订单减少了。E 公司出现了半成品的库存。在估量生产模式下，装配 1 系接收了前道工序部件加工系的半成品，滞留成了库存。

表 4–4 应对降价要求

降价前装配 1 系的单位时间核算表　　日元、小时

	科目	实绩
A	总出货额（B + C）	15,000,000
B	公司对外出货额	15,000,000
C	公司内部销售	0
D	公司内部购买	9,000,000
E	总生产额（A – D）	6,000,000
F	费用合计（① + ② +…+ ⑩）	5,000,000
	①材料费 ②五金配件・外购商品费 ③外包费 ④修理费 ⑤电费 …… ⑥折旧费及固定资产利息 ⑦内部杂费 ⑧部内公共费 ⑨销售佣金 ⑩总部费用	2,000,000 500,000 600,000 100,000 80,000 …… 50,000 20,000 60,000 1,500,000 30,000
G	结算收益（E – F）	1,000,000
H	总时间（⑪ + ⑫ + ⑬ + ⑭）	400
	⑪正常工作时间 ⑫加班时间 ⑬转移时间 ⑭公共时间	300 60 15 25
I	单位时间附加值（G ÷ H）	2,500

降价后装配 1 系的单位时间核算表 日元、小时

	科目	实绩
A	总出货额（B + C）	14,250,000
B	公司对外出货额	14,250,000
C	公司内部销售	0
D	公司内部购买	8,800,000
E	总生产额（A – D）	5,450,000
F	费用合计（①＋②＋…＋⑩）	4,550,000
	①材料费 ②五金配件・外购商品费 ③外包费 ④修理费 ⑤电费 …… ⑥折旧费及固定资产利息 ⑦内部杂费 ⑧部内公共费 ⑨销售佣金 ⑩总部费用	1,900,000 450,000 500,000 50,000 70,000 …… 40,000 20,000 60,000 1,425,000 30,000
G	结算收益（E – F）	900,000
H	总时间（⑪＋⑫＋⑬＋⑭）	360
	⑪正常工作时间 ⑫加班时间 ⑬转移时间 ⑭公共时间	300 20 15 25
I	单位时间附加值（G ÷ H）	2,500

但是导入阿米巴经营之后，这种情况就不存在了。这是因为在订单生产方式中，只认可依据订单生产的东西。以前 E 公司认为，“为满足客户的要求，估量生产是理所当然的。这是满足交货日期的最好方法”，他们被这种固定观念束缚了。在接单并不确凿的情况下先行生产，造成库存积压，会给经营带来莫大的风险。

后来，E 公司将拿到正式订单定为生产活动的起点，销售部门为尽早拿到订单而全力以赴，同时制造部门也努力改进，缩短生产周期，满足短交货期要求，以此支持销售部门的工作。

结果，E 公司成功地提高了订单额和销售额。

（2）库存销售方式

在订单生产方式中，必须对每笔订单进行核算管理确保利润。而与此不同的是自主生产产品，并卖给众多的用户，这就是库存销售方式。在这种商业模式中，自己要估算好产品定价和销量，在此基础上进行生产。为什么要采用这种模式？因为这类产品如果接一单、生产一单的话，效率就很低，跟不上市场的需求变化。

在阿米巴经营中，库存销售方式与订单生产方式采用不同的运行机制。

库存销售方式需要进行估量生产。为此，需要预测销售部门卖给渠道商的预计价格，以及终端客户的“购买价格”和渠道商的“市场价格”，并考虑渠道商的利润等，从而最终确定实际交易价格（公司制定的“销售价格”=“预计销售价格”），如表4–5所示。销售量也由销售部门基于周密的市场调查，确定销售计划。

在此基础上，销售部门向制造部门下订单，并通过公司内部买卖从制造部门购买产品。

我们以预计市场价格为3,500日元、预计销售数量1万个的消费产品为例，来分析这个流程。

销售部门预计产品的市场价格为3,500日元，设定卖给批发商的预计销售价格为3,000日元。在此基础上，销售部门和制造部门交涉后将公司内部买卖价格定为1,600日元。

表 4–5 预测的实际交易价格

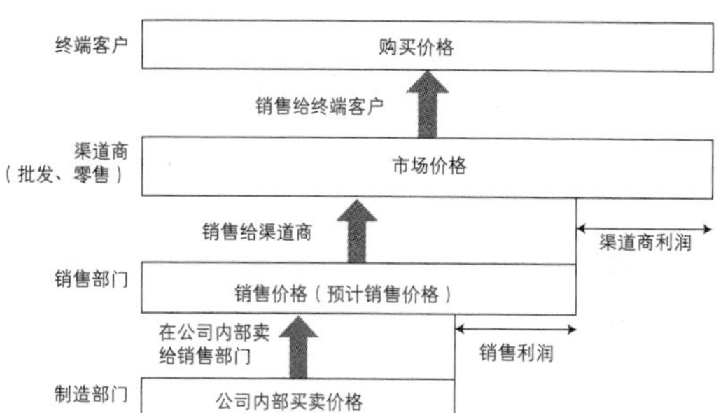

销售部门对制造部门发出了 1,600 万日元（单价 1,600 日元 ×1 万个）的公司内部订单，制造部门准备物料进行生产。生产完成后，以公司内部订单价格将产品交付给了销售部门，制造部门计入 1,600 万日元的收入（1,600 万日元的商品计入销售部门的库存），减去制造费用后，剩余的就是制造部门的结算收益。

销售部门如果以当初的预计销售价格出货，就计入销售额 3,000 万日元和内部采购成本 1,600 万日元，再减去促销费等销售费用，剩下的差额就是销售部门的结算收益，如表 4–6 所示。

表 4–6 库存销售方式

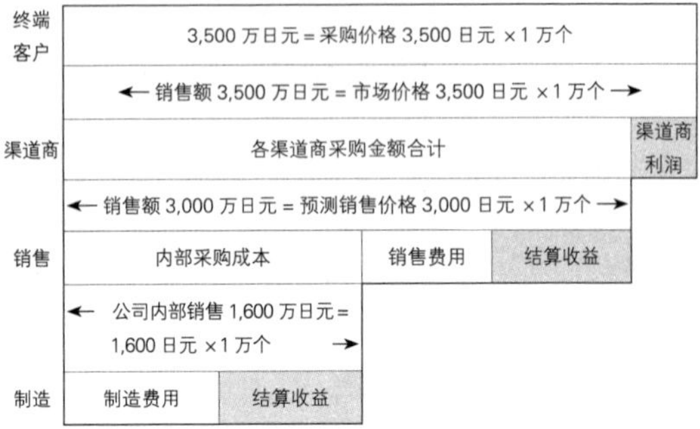

终端客户	3,500 万日元 = 采购价格 3,500 日元 ×1 万个			
	← 销售额 3,500 万日元 = 市场价格 3,500 日元 ×1 万个 →			
渠道商	各渠道商采购金额合计			渠道商利润
	← 销售额 3,000 万日元 = 预测销售价格 3,000 日元 ×1 万个 →			
销售	内部采购成本		销售费用	结算收益
	← 公司内部销售 1,600 万日元 = 1,600 日元 ×1 万个 →			
制造	制造费用	结算收益		

制造部门单位时间核算表　　日元、小时

	科目	实绩	算出式
①	总出货额	16,000,000	②+③
②	公司对外出货额	0	= 销售额
③	公司内部销售	16,000,000	
④	公司内部购买	0	
⑤	总生产金额	16,000,000	①–④
⑥	费用合计	11,000,000	a–z 的合计
	a 材料费 …… y 销售佣金 z 总部费用		
⑦	结算收益	5,000,000	⑤–⑥
⑧	总时间	1,000	
⑨	单位时间附加值	5,000	⑦ ÷ ⑧

销售部门单位时间核算表 日元、小时

科目			实绩	算式
①	接单		30,000,000	
②	总销售额		30,000,000	③+⑥
③	订单生产方式	销售额	0	
④		收取佣金	0	
⑤		收益小计	0	=④
⑥	库存销售方式	销售额	30,000,000	
⑦		内部采购成本	16,000,000	
⑧		收益小计	14,000,000	⑥−⑦
⑨	总收益		14,000,000	⑤+⑧
⑩	费用合计		12,000,000	a–z 的合计
	a z	通信费 …… …… 总部费用		
⑪	结算收益		2,000,000	⑨−⑩
⑫	总时间		400	
⑬	单位时间附加值		5,000	⑪ ÷ ⑫

表下方表示的是这个交易发生时的单位时间核算表，核算表的内容将在后面详述。

①反映市场动向的公司内部买卖价格

在一般的制造业企业中，销售部门和制造部门之间以产品制造的成本价格交割产品。在这种情况下，制造部门（根据过去的制造成本）会设定一个标准成本价格。制造部门作为一个成本中心开展生产活动，因此，只有成本管理意识而没有核算意识。而且，由于市场的变化没有直接传递至制造部门，如果市场价格发生意外变动，它也不会主动降低成本。

但是，在阿米巴经营的库存销售方式中，不是把制造所花的各种成本累加后决定一个成本买断价格，而是把销售部门和制造部门协商决定的以市场价格为导向的公司内部买卖价格，作为制造部门的出货价格。就是说，“在预测市场动向和销量的基础上，由销售部门向制造部门下订单”，销售部门发出生产指示，制造部门根据这个指示进行生产。这样，销售部门和制造部门之间是下订单和接订单的关系。

制造部门不是一个只追求成本的费用中心，而成了利润中心。除费用之外，制造部门的收入是以制造出货金额计算的公司内部销售额，它能为提高核算效益而努力。

比如，产品市场价格下降时，销售部门和制造部门间的制造出货价格（公司内部销售价格）也会通过交涉而下降。这样，制造部门的各个阿米巴为了防止利润下降而自主地降低成本，为改善核算效益而努力。

而且，制造部门生产活动的实绩，可以通过生产数量和单价的乘积这一数据把握，生产现场人员每天会有实时获得收入的感受。各个阿米巴的员工每天都能实际感受到自己劳动成果（收入）的具体金额，因此就能迅速行动，提高核算效益。

②库存管理是销售部门的责任

库存销售方式中有一个重点，就是如何把库存降到最低，以保持公司资产的健全性。

一般而言，制造部门只要生产产品就能增加生产实绩，所以存在一种危险，即制造部门只考虑短期核算效益，一味拼命生产，等意识到的时候库存有可能堆积如山了。为防止这样的事态发生，在阿米巴经营中，销售部门下单给制造部门，制造部门生产的产品交付给销售部门后，库存就由销售部门负责了。

在前面所讲的订单生产方式中，需要通过不断努力拿订单来创造利润，所以制造部门对利润负责；而在库存销售方式中，销售部门因对市场价格和销售量进行预测后才能向制造部门下单，所以销售部门也要对利润负责。

为了负起这个责任，销售部门就会努力将库存控制在最小范围，准确分析市场动向，尽可能正确地估计产品销售数量和市场价格，只对制造部门以合适的价格下必要数量的公司内部订单。所以，销售数量和市场价格的预估如果不准确，所造成的库存报废或是资产减值的损失都要由销售部门承担。

另外，在单位时间核算表里，会对库存设定一个比市场利息更高的公司内部利息，作为销售部门的费用来征收，以便让销售部门更加明确库存的责任和负担。销售部门对库存负责并加以管理，就能让公司在确保库存最小的同时不断提高销售额。

③防止销售费用膨胀

在向客户直销的订单生产方式中，销售费用不高，所以可以将销售佣金率设定在低位。

而在库存销售方式中，由于是通过经销商等渠道销售商品，不但库存风险高，而且需要广告宣传费用，还要向零售商和批发商等支付促销费用，因此，与订单生产方式相比，销售费用要高得多。

库存销售方式的预估销售价格和制造出货价格的差额，也就是毛利率，会被设定得比较高。

这样设定后，销售部门即便多花一点费用，仍然可能获得较多的利润。这样就会导致招待费等费用的铺张浪费。所以要努力避免发生这种情况。

在库存销售方式中，销售部门的费用有可能在不知不觉地增多，必须时刻有意识地注意“费用最小化”，不断努力防止浪费。

（3）公司内部买卖

所谓公司内部买卖，是指把制造部门内各个阿米巴之间的物品交接都作为“买卖”来看待。这是明确各个阿米巴收入的机制。

公司内部买卖机制建立后，即使是中间工序的阿米巴，也能按需要从别的阿米巴购入物品，并销售给下道工序的阿米巴，能够进行“交易”，像一个独立的企业那样开展经营活动。虽然这在操作上会增加一些负担，但却是以小组织为单位进行核算管理，实现全员参与经营的不可或缺的机制。

下面用表来说明公司内部买卖的案例，见表4–7。

比如，订单金额1,000万日元，A制造部门向B制造部门以250万日元的内部买卖价格购买物品（销售佣金率为10%），我们来看一下。

A制造部门的收入是生产金额（公司对外出货额）1,000万日元，减去公司内部购买中付给B制造部门的250万日元，生产总额就是750万日元；再减去本部门的制造费用和给销售部门的佣金后的金额就是 A 制造部门的收益（结算收益）。B 制造部门的收入是通过公司内部销售从 A 制造部门处得到的 250 万日元，再减去本部门的制造费用，剩下的金额就是 B 制造部门的收益。

另外，销售部门的收入是销售佣金 100 万日元，减去销售费用，就是销售部门的收益。

表 4–7　公司内部买卖

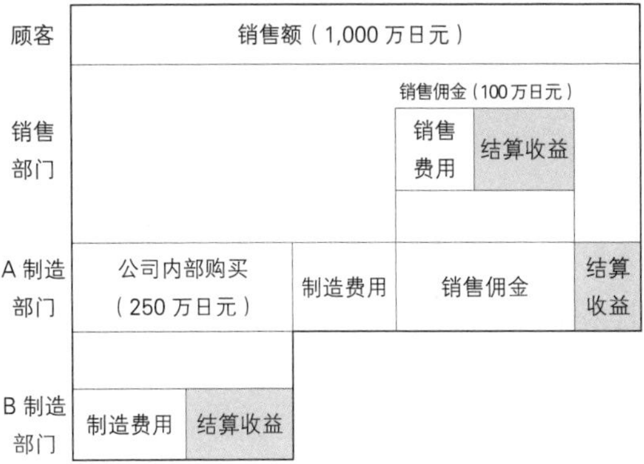

顾客	销售额（1,000 万日元）				
销售部门				销售佣金（100 万日元）：销售费用 / 结算收益	
A 制造部门	公司内部购买（250 万日元）		制造费用	销售佣金	结算收益
B 制造部门	制造费用	结算收益			

万日元

	A 制造部门	B 制造部门	制造部门合计
①公司对外出货额	1,000		1,000
②公司内部销售额		250	250
③公司内部购买	250		250
生产总额（①+②－③）	750	250	1,000

公司内部买卖价格是如何决定的呢？

是由各个阿米巴长之间交涉决定的。理想的状态不是制定刻板的定价规则，而是各个阿米巴长之间像经营者那样进行价格交涉。

但是，当好几个阿米巴同时参与一笔生意，或者是外部客户要求大幅降价等情况下，上级阿米巴长也要参与定价，以避免部门间的核算出现过大差异。

另外，对于经常性订单或相似产品的订单，可以在某种程度上制定好定价规则，让定价流程变得更为简单。

像这样当事人之间交涉价格，是阿米巴长体

验经营者的感觉的重要过程之一。而且，正如第一章中所讲，只有践行哲学，阿米巴经营才能发挥功效。在公司内部买卖中，阿米巴长不能只考虑对自己部门有利、只要自己好就行，而必须思考怎么做才对整个事业部门有利、达到整体最佳。

（4）公司内部协作报酬——公司内部买卖的升级版

所谓公司内部协作报酬，是公司内部各部门明确各自收入的一种机制，也是公司内部买卖的一种形态，主要用在服务业中多个部门共同参与为客户提供服务，计算销售额的商业模式中。

一般而言，因为服务业是劳动密集型产业，所以如果要提高生产效率和服务品质，就需要一种机制，让员工产生出热情和干劲。

况且，不是由单个，而是由多个部门发挥各自的作用，相互协作，共同为客户提供一项服务。

举例而言，医疗服务就是如此，由医生和护

士、药剂师、技师等共同参与、相互配合，提供一项服务。

而且，由于服务没有物品的移动，无法像一般的公司内部买卖一样，让物品的交接成为买卖，或者在各部门每次提供服务时，计算销售额。这些思路都不合适。

为此，在导入公司内部协作报酬这个概念时，需要确定对所提供的服务负有核算责任的“事业责任部门”。从客户那里得到的服务收入（销售额），全部作为事业责任部门的收入。在此基础上，事业责任部门对各相关部门提供的服务，支付“公司内部协作报酬”。

公司内部协作报酬的单价，不是由各个部门成本的累加而定，而是以市场价格为基础，根据各个部门发挥各自作用所产生的附加价值来设定。

在统计销售额的同时，把公司内部协作报酬作为实绩加以统计，各个部门就都能把握自己的收入。采用这种机制，就能让更多的服务部门的员工具备核算意识。只要能进行核算管理，就能增强以此为基础的部门间的沟通和协作，员工就会自觉投入到提高效率和削减成本的工作中去。

在服务行业，提供的服务越复杂，就越难把握各个服务部门的收支。导入公司内部协作报酬的机制，就能明确各种服务的报酬。这么一来，现场的员工就能切身感受到自己每天工作的价值，主动思考与其他部门协作的方法，从而提高干劲，提升服务的价值，进而提高核算效益。

2. 如何分配收入——医疗服务业的案例

接下来，我们通过医疗服务业的案例，来看一下如何应用公司内部协作报酬的机制，解决收入分配的问题。

如图 4–1 显示，整形外科通过向患者提供医疗服务，得到了医疗收入 1 万点（10 万日元，日本的诊疗报酬制度中 1 点等于 10 日元）。当然，整形外科提供的医疗服务建立在病房部门、药剂科和放射科的协作之上。

前面讲过，要引入公司内部协作报酬的机制，必须确定事业责任部门。日本医疗机构的主要收入是诊疗报酬，来源于医生的请款。而且，

X 光拍片、药物处方、住院决定等影响核算的判断，也都是由医生做出的。所以，将医生所属的，能够控制整个服务核算的整形外科设定为事业责任部门是比较合适的。

图 4–1 医疗服务领域的公司内部协作报酬

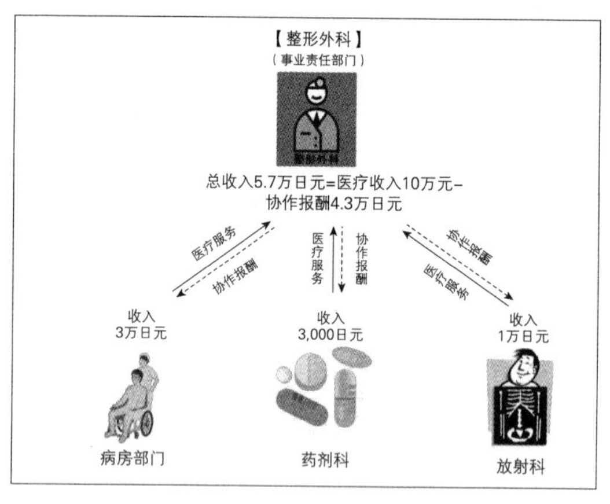

病房部门、药剂科、放射科根据整形外科医生的指示，各自提供医疗服务。这时候，院内协作报酬的单价，由医院根据厚生劳动省（日本负

责医疗卫生和社会保障的政府部门）规定的诊疗报酬制度的标准来定。在此基础之上，各个部门根据实际向患者提供的医疗服务来获得收入。

首先，患者支付的10万日元，全额作为诊疗报酬，计入医生所在的整形外科的“医疗收入”科目。这10万日元中，包含了病房部门、药剂科和放射科的协作费，所以整形外科要向这些部门支付院内协作报酬。

在这个案例中，病房部门、药剂科、放射科分别从整形外科得到了3万日元、3,000日元、1万日元，成为各自的收入。整形外科从医疗收入的10万日元中减去4.3万日元的院内协作报酬，剩下的5.7万元就是收入。另外，所有部门的收入合计是10万日元，与医疗收入金额一致（表4–8）。

利用这种机制，各部门都能实时计算收入。员工们因此切身感受到自己工作的价值，就能充满干劲，不断努力提高服务品质和核算效益。

表 4–8 各部门的收入

日元

科目	整形外科	病房部门	药剂科	放射科	医院合计
①医疗收入	100,000				100,000
②内部协作报酬		30,000	3,000	10,000	43,000
③内部协作费用	43,000				43,000
④总收入（①+②−③）	57,000	30,000	3,000	10,000	100,000

比如，对于病房部门来说，床位的空置会导致收入的减少，所以它就会敦促整形外科尽快让办完住院手续的患者入住。这不仅能促使医院整体增加收入，而且能让患者尽可能迅速地得到医疗服务。

与此类似，药剂科会努力减少药品的库存；放射科会努力增加周边小规模医疗机构介绍的检查业务。协作报酬清晰以后，各部门就会自发性地提升效率和削减费用。

3. 实践案例：日航导入的公司内部协作报酬

日航在导入阿米巴经营时，也运用了公司内部协作报酬这一机制。

旅客运输服务由多个部门提供的服务构成。比如，在机场内的登机卡发放、行李托运、登机引导等地勤服务；乘客登机后，空乘人员提供机内服务及飞行员提供从起飞到着陆的飞行服务。当然还有其他确保安全的整备（飞机维护保养）等服务。

就像第三章里所讲过的，日航导入阿米巴经营后，设置了“航线统括本部”这一新组织。航线统括本部是采用公司内部协作报酬时的“事业责任部门”。作为提高每条航线的核算收益的组织，航线统括本部要制定航运计划并加以实施，需要得到航运本部、客舱本部、机场本部和整备本部的协助。

航运本部、客舱本部、机场本部和整备本部被定义为支持航线统括本部的“事业支援部门”。

这样，日航构思的方案是，在事业责任部门即航线统括本部和 4 个事业支援部门之间分配收入（图 4-2）。

图 4-2　日航导入的公司内部协作报酬

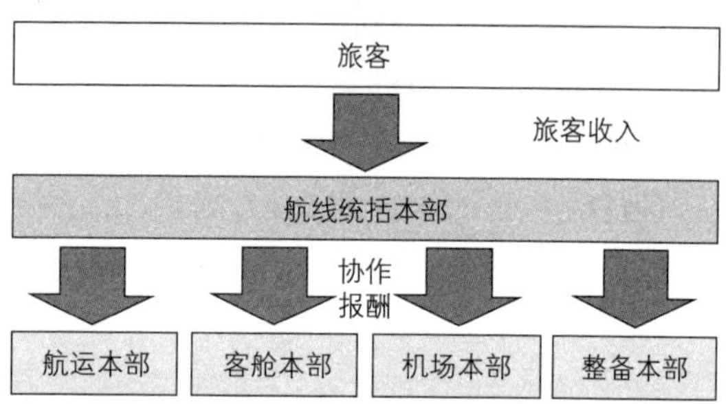

这种分配的主要特征如下：

· 旅客收入（旅客销售额）被全额计入事业责任部门的航线统括本部。同时，飞机航运所必需的所有成本算到此部门，这两者的差额就是收益。

· 作为事业支援部门的 4 个本部，将各自的人才和服务提供给航线统括本部，并从航线统括本部获得相应的公司内部协作报酬，形成收入。公司内部协作报酬根据机型、航班、服务的不同进行了详细的设定。

这样，事业支援部门的员工，因为收取公司内部协作报酬，就会对收入产生实实在在的感觉，就会努力提高核算效益，想方设法、积极主动地践行“销售最大化，费用最小化”的原则。

例如，如果机场本部的国内航班值机柜台在工作中发现，单价较高的高级座席有空位，从事值机手续的员工就会积极努力地劝说客户升舱。例如，整备本部会为消耗品打上标签，标明采购价格，积极努力地缩减费用。

日航通过导入阿米巴经营，采用公司内部协作报酬的机制，就能对核算进行管理，提高了全体员工的积极性，也提升了核算效益。

三、明确费用

1. 受益者负担的原则

所谓费用，包括原材料费、外包费、电费、折旧费、修理费、间接部门费用等，是各个阿米巴在相应时间段内所花费的全部内容，在财务会计上被归类于制造成本、销售费用和管理费用等。详细内容会在后面说明，除劳务费以外的所有事业活动产生的费用都要计入。

重要的是，要让大家都能理解和接受“确实是自己应该负担的费用”。如果员工没有这样的意识，就不会对核算数字负责，也会失去对阿米巴经营的兴趣。

因此，间接部门不能随随便便地把费用分摊给各个阿米巴。在计入费用时，要在仔细了解现场员工心理的基础之上，决定费用负担的部门和方法。

费用负担的原则，是由使用这个费用获得了某种收益的部门来负担。需要基于“受益者负担的原则”制定公平公正的规则。

特别是有多个受益部门的时候需要非常注意，这时需要遵循“费用分摊（按比例分配）”的原则。如果多个阿米巴共同使用一个设备，就要基于受益者负担的原则，在相关阿米巴之间进行协商，确定负担费用的部门和比例。

2. 做到让现场员工能够把握费用

在实践“费用最小化”时，必须让现场的员工能够切身感觉到“在什么事情上面花了多少费用”。虽然不同的企业设立的费用科目不同，但在分析本公司费用结构的基础上，需要让现场员工明白应该重视控制哪些费用科目。

制造部门可以按种类细分材料费，或是按品类细分外包费用。公共费用也不能只用一个“水电煤气费”概括，而是需要细分为电费、水费和煤气费等。销售部门可以设定规则细分交通费等，以便细致掌握费用。

特别是关于固定费用的削减，要注意不可有"变动费有削减余地，但固定费难以削减"这种固有思维。

"费用最小化"的对象不分变动费还是固定费，并不是固定费就不属于削减对象，而应该将其分解，进行细致的管理，彻底探究能否削减费用。

按部门进行分摊的费用也是一样，不能采用划定一个基准，然后按比例分摊总额的粗办法，而是要使用能够得到大家理解的分摊方法。比如，可以在每个阿米巴都安装可以测量本阿米巴用电量的电表。如果是房屋租金，可以按照使用面积，按比例地分摊。

要让现场的员工切身感受到费用，主动思考"这样太浪费了，要想办法改进一下，提高费用的使用效率"，从而自发地削减费用。这就需要认真思考，仔细设定费用科目。

3. 购入即费用

为了让现场员工做到“费用最小化”，必须及时向现场反馈“自己部门使用了多少费用”等信息。员工知道了费用信息，就会产生将费用限制在月度目标范围内的意识和意愿。

在一般企业中，往往是一个月处理一次费用。如果这样的话，“费用最小化”就无法落实。关键是要每天实时处理费用，并将费用信息反馈给现场。如果每天都进行费用处理，就能迅速提高月度费用的统计速度。

所以，对于费用，需要按照本章一开始介绍的“稻盛会计学”的重点——“以现金为本的经营原则”来进行处理。这个观点的基础就是“购入即费用”。

比如，一般企业采购原材料时，并不立即将其计入费用，而是先计入库存，等到使用原材料时再计入费用。而在阿米巴经营中，在购入原材料时就立即计入费用。以“购入即费用”为基础，彻底执行“即用即买”，即**只在必要的时候购买必要数量的必要物品**，这样才可能改善现金流，实现“筋肉坚实的经营”。

通常，制作财务报表中的成本核算部分，过程很复杂，而且很费时间，现场员工也不容易理解。但是，基于“购入即费用”原则采购的材料和部件，按照采购价格即时被计入费用，现场的员工就能意识到“这个材料要花这么多钱，要爱惜”，“不要浪费，尽量减少采购”。

就像前面阐述过的那样，在阿米巴经营中，对库存征收的公司内部利息高于市场利息。同样，对于固定资产、应收账款、票汇余额也要征收公司内部利息，计入相关部门的费用。这样就能抑制轻率的投资行为，促进应收账款的早日回收和严格削减库存，以实现“筋肉坚实的经营”。

4. 非核算部门的费用应该如何分摊

非核算部门的费用应该如何计算呢？

前面讲过，组织可以分为核算部门和非核算部门两大类。非核算部门的费用由核算部门负担，其总额通过“部内公共费”等一次性分摊，非核算部门的费用合计为“0”。

对于核算部门来说，从非核算部门分摊过来的费用也和其他费用一样，都是“费用最小化”的对象。因此，核算部门可以要求非核算部门削减费用，这样就能促进非核算部门实现“费用最小化”。

那么，应该以什么标准分摊费用呢？就是基于“受益者负担的原则”，各个核算部门采用与受益部分相匹配的比率进行分摊。

当公司不断成长，有了多个分支机构，总公司里就会产生统括全公司的间接部门。这个时候，不是把总公司间接部门的费用直接分摊给各个分支机构，而是采用后面将要讲到的，以时间单价（按时间收取费用）的方式收取。在这样的机制中，核算部门就会增强削减时间的意识。

而且，分摊的时间单价的总额要尽量设定得比总公司间接部门所产生的费用总额高一些。当然，同样要求总公司间接部门也要努力实现“费用最小化”。

5. E公司计算费用的案例

接下来，我们介绍E公司的案例。E公司基于“购入即费用”的思维方式，彻底贯彻了“即用即买”的原则。

在导入阿米巴经营前，E公司为了做到短期交货，会保有一定数量的原材料库存，由采购部门管理。如果库存减少到一定数量，采购部门就会下补货订单。

现场人员对于领出后的原材料虽然有成本的认识，但对于原材料库存几乎没有感觉，他们只是要求采购部门不要出现缺货。采购部门为了降低成本，进行批量采购，为了避免制造部门因缺货而投诉，采购原材料总是保持一定的余量，结果，每年都有一定的原材料库存被报废处理。

导入阿米巴经营后，在到货的时间点就将原材料费计入核算表。使用原材料的部件加工系基于生产计划，适时调配所需原材料，他们既掌握原材料的单价，又决定采购数量，所以大家对于本月使用多少费用，都有了强烈的意识。

以前是批量采购，但这么做的话，月度核算

就会恶化，现在遵照“即用即买”的原则，只在必要的时候购入必要的数量。

结果原材料库存减少了一半，报废处理也没有了，同时库存管理费大减，现金不足的问题也有所消解。

四、明确时间

1. 提高生产效率和核算效益

在阿米巴经营中，“时间”是经营指标之一。这个指标便于现场员工掌握提高生产效率及核算效益的成果。导入“时间”这个概念，能够促进每位员工积极主动地努力提高核算效益。

而且，关注时间对领导人而言，在劳动管理上也有好处。因为时间是把握每位员工的工作内容，调整业务量，构建合理的劳务体制的一个指标。

在经营中导入时间的概念，对于（日本）政府在推进的“劳动改革”也有重大意义。时间是员工个人可以管理的对象，员工提高时间管理意识，就能提高生产效率和工作主动性，为提高核算效益做出贡献。**在以全员参与经营为目标的阿米巴经营中，时间管理非常重要。**

在单位时间核算表中记入的时间不仅包括阿米巴成员的劳动时间（正常劳动时间 + 加班时间），还包括其他阿米巴来支援的时间和非核算部门分摊过来的时间。不是只计算直接的工时，而是要计算所有的出勤时间。

那么，为什么在阿米巴经营中用“时间”管理代替“劳务费”管理呢？因为公开劳务费会带来以下问题：

· 在小规模的阿米巴中，每个人的工资就被曝光了。

· 因为人事政策和奖金支付引起劳务费大幅波动，会左右阿米巴的实绩。

· 过度关注劳务费，员工意识就难以集中到本来该做的事情上。

在阿米巴经营中，会对全体员工公开各种各样的经营数字（玻璃般透明的原则），但如果公开劳务费，反而可能阻碍全体员工参与经营。

2. 如何计算时间

在计算劳动时间时，除正式员工之外，对于合同工、钟点工和派遣员工怎么处理，也要进行探讨。在流动性较高的雇用形态下，对于外派员工、钟点工最好不用“时间”，而用“业务委托费”或“杂费”进行费用计算（如果是产生附加价值的主体，不管什么雇用形态，最好都用时间来计算）。

同时，在阿米巴经营中，为了进行核算管理，必须把计算劳动时间的对象时段与计算收入的对象时段相统一。比如说，销售额等收入的实绩管理对象是每月 1 日到最后 1 日产生的总额，那么劳动时间的统计也要在同一时段内。

具体来说，以下项目如何计算时间，要确定好规则。

- 正常工作时间，加班时间，迟到、早退；
- 带薪休假，缺勤，休息日加班，调休出勤；

- 管理岗位的时间管理方法；
- 时间转移；
- 计算时间的单位；
- 间接部门的时间分摊；
- 计入实绩的对象时段。

3. 转移时间和分摊时间

当阿米巴的成员去支援其他阿米巴的业务时，所花费的时间也要转移。这就是“时间转移”。在阿米巴经营中，需要确定时间转移的规则。

比如说，为了支援迎来业务旺季的阿米巴，另一个处于业务淡季的阿米巴临时派出富余的人员。这个阿米巴有 10 个成员，但只要 9 个人就能正常完成业务，所以就把富余的 1 人派去支援其他阿米巴。这个时候，花在支援上的时间要算到被支援的阿米巴的时间里。

在实际工作中，需要制作时间转移的确认凭证（时间转移凭证），确立转移时间计入之前的业务流程。从派出支援人员的阿米巴总时间中减去支援时间，并将支援时间加入到被支援的阿米巴的总时间中。

确立了时间转移的规则，各个部门就能在认识到组织作用的同时思考整体的最优化，就能超越部门局限，踊跃地开展相互支援的活动。

当这种支援活动的时间跨度长达数月时，就应该进行人事调动，而不是时间转移。另外，对于间接部门产生的时间，要和费用分摊一样，制定将其分摊到核算部门的规则。

4. E 公司如何进行时间计算和时间转移

接下来，我们介绍一下 E 公司的时间计算和时间转移的案例。

在 E 公司，对时间计算作了如下规定：

· 正常工作时间和加班时间根据工作守则的规定执行。除了休息时间，余下的就是工作时间。正常工作时间为 1 天 8 小时，加班时间按分钟计算。

· 迟到、早退，带薪休假，缺勤等时间，不属于时间计算的对象。

·对于从事管理岗位等不属于加班管理对象的员工，不计算加班时间的实绩，而是将其岗位津贴等换算成相应的加班时间，作为代替加班时间的数据，每个出勤日各计入 2 小时。

·合同工和钟点工也和正式员工一样，属于时间计入的对象。但仅限于旺季来上班的派遣员工、临时工则不属于时间计入的对象，其工费计入费用（杂费）。

·虽然工资的计算以每月的 20 日为准，但从阿米巴经营的角度，以每月 1 日到最后一日作为计入时间的时段。

·非核算部门的时间分摊，以当月 1 日的部门配属人员数为基准。

E 公司的装配科下面有从事大型产品装配的装配 1 系和从事小型产品装配的装配 2 系，随着公司对多面手的培养，出现了几名既能装配大型产品，也能装配小型产品的员工。

有一个月，小型产品的订单增多，装配 2 系非常忙碌，而大型产品的订单较少，所以装配 1 系的员工的工作时间有了富余。装配 2 系要及时交货，但人手不够，所以向装配 1 系请求支援。

装配 2 系得到了 3 名员工，支援了 10 天时间（每天工作时间为 8 小时）。所以，接受支援的装配 2 系要多计入 240 小时的支援时间，而提供支援的装配 1 系要减去 240 小时的支援时间。

以前 E 公司也实施过这样的支援活动，但是在阿米巴导入前，并没有明确把握情况。现在因为掌握了“支援时间”，这种部门之间的合作产生的现场真实的生产效率和核算效益，就可以用数字表达出来。

另外，“时间转移”的概念扎根以后，员工自主而且灵活地进行时间转移，结果生产效率得到了大幅提升。

五、制作单位时间核算表

1. 像家庭记账本一样简单的核算表

为了实现全员参与经营，就需要核算表，让没有专业会计知识的员工也能理解自己部门的经营状况，并对收支发生兴趣。单位时间核算表是一张收支计算表，能通俗易懂地说明现场员工追求“销售最大化，费用最小化”的结果，具有以下特征：

- 如同家庭记账本般结构简单；
- 使用“单位时间附加值”这一指标；
- 全公司的格式统一。

单位时间核算表中最重要的指标是“单位时

间附加值”，即每小时创造的附加价值金额。这是计算出“收入”减去“费用”的“结算收益”后，再用“结算收益”除以员工工作的“时间”后得出的结果。

“单位时间附加值”与组织的大小，与销售额和生产金额无关，可以用来测算各个阿米巴的员工通过努力所产生的附加价值的大小。即使在从事完全不同的事业内容的部门之间，也可以通过每小时附加值来表示数额，所以可以用于比较各个阿米巴的经营效率。

使用“单位时间附加值”这一全公司共同的经营指标，能够创造出一个员工们为提高“单位时间附加值”而主动竞争的局面。每位员工都会对经营数字产生兴趣，这样就能实现全员参与的经营。

2. 单位时间核算表的格式

单位时间核算表分为制造部门单位时间核算表和销售部门单位时间核算表两种，如表 4-9、4-10 所示。这是因为在制造部门用的表中，关于制造成本的科目比较多；而在销售部门用的表中，关于销售费用和管理费用的科目比较多。

制造部门的单位时间核算表的收入栏中有以下项目：

·总出货额，即出货金额的合计。这是公司对外出货和公司内部销售相加的结果。

·公司对外出货，即向公司外部出货的金额。

·公司内部销售，即公司内部买卖的出货金额。

·公司内部购买，即公司内部买卖的购买金额。

·总生产额，即总出货额减去公司内部购买后得出的实际生产金额。

在销售部门的单位时间核算表中，如果是订单生产方式，就用“销售额”“收取佣金”“收益小计”表示；如果是库存销售方式，就用“销售额”“内部采购成本”（与制造部门发生的公司内部购买）及两者差额“收益小计”表示。表示收入的“总收益”是订单生产方式的“收益小计”和库存销售方式的“收益小计”的合计。

表 4–9　制造部门的单位时间核算表

日元、小时

	科目	说明	实绩
A	总出货额（B+C）	阿米巴的生产金额合计 （公司外部出货 + 公司内部销售）	75,000,000
B	公司对外出货	为公司外部客户生产商品的金额（ = 销售额）	60,000,000
C	公司内部销售	在公司内部阿米巴间的交易中，向其他阿米巴出货的金额	15,000,000
D	公司内部购买	在公司内部阿米巴间的交易中，从其他阿米巴购买的金额	12,000,000
E	总生产额（A – D）	减去公司内部购买后，本阿米巴的实际生产金额	63,000,000
F	费用合计 （①+②+…+⑩）	开展经营活动所产生的费用合计	54,000,000

续表

	①材料费 ②五金配件・外购 商品费 ③外包加工费 ④修理费 ⑤电费 …… ⑥折旧费及固定资 产利息 ⑦内部杂费 ⑧部内公共费 ⑨销售佣金 ⑩总部费用	不能计入单一科目的复合经费 间接部门分摊的费用 接到订单后，支付给销售部门的佣金 由各个部门承担的总部间接部门的费用	16,400,000 18,000,000 9,000,000 1,500,000 200,000 …… 800,000 500,000 600,000 6,000,000 1,000,000
G	结算收益（E－F）	从阿米巴的收入中减去除人工费以外的费用后剩下的利润	9,000,000
H	总时间 （⑪+⑫+⑬+⑭）	阿米巴经营所需要的时间合计	1,800

续表

	⑪正常工作时间 ⑫加班时间 ⑬转移时间 ⑭公共时间	 阿米巴之间的转移时间 间接部门的分摊时间	1,500 200 60 40
I	当月单位时间附加值（G ÷ H）	阿米巴每小时的附加值（结算收益 ÷ 总时间）	5,000
J	单位时间产值（E ÷ H）	每小时的生产金额（总生产 ÷ 总时间）	35,000
K	人数（人）	阿米巴的在册人数（以月初为准）	10

表示附加价值的“结算收益”由“总收益”减去“费用合计”得来。用“结算收益”除以“总时间”，得出的就是“当月单位时间附加价值”。

表 4–10 销售、管理部门的单位时间核算表

日元、小时

	科目		说明	实绩
A	接单额		从客户处接到的订单金额	70,000,000
B	总销售额（a + d）		为公司外部客户提供产品（含服务）所获得的销售额	60,000,000
	订单生产方式	a 销售额	订单式生产中的销售额	40,000,000
		b 收取佣金	销售额 × 佣金率	4,000,000
		c 收益小计（b）	收取佣金 = 销售额 × 佣金率	4,000,000
	库存销售方式	d 销售额	库存式销售中的销售额	20,000,000
		e 内部采购成本	从制造部门内部采购的金额	18,000,000
		f 收益小计（d – e）	上述销售额 – 内部采购成本	2,000,000
C	总收益（c + f）		上述订单生产方式和库存销售方式收益小计的合计金额	6,000,000
D	费用合计（①+②+…+⑫）		开展经营活动所产生的费用合计	2,500,000

续表

	①通信费		50,000
	②差旅交通费		150,000
	③打包运输费		200,000
	④销售手续费		550,000
	⑤促销费		300,000
	⑥广告宣传费		200,000
	⑦招待费		200,000
	……		……
	⑧公司内部利息		150,000
	⑨房租		100,000
	⑩内部杂费	不能计入单一科目的复合经费	200,000
	⑪部内公共费	间接部门分摊的费用	100,000
	⑫总部费用	由各个部门承担的总部间接部门的费用	300,000
E	结算收益（C－D）	从阿米巴的收入中减去除人工费以外的费用后剩下的利润	3,500,000
F	总时间 （⑬＋⑭＋⑮＋⑯）	阿米巴经营所需要的时间合计 （已使用时间）	700

续表

	⑬正常工作时间		600
	⑭加班时间		60
	⑮转移时间	阿米巴之间的转移时间	25
	⑯公共时间	间接部门的分摊时间	15
G	当月单位时间附加价值（E ÷ F）	阿米巴每小时附加价值	5,000
H	人均销售额（B ÷ I）	人均销售额（总销售额 ÷ 人数）	20,000,000
I	人数（人）	阿米巴的在册人数（以月初为准）	3

六、实绩管理和余额管理

在阿米巴经营中，对涉及将来实绩的“余额”这一存量数字要进行实时且正确的管理。“余额”是为了公司整体能够稳定经营的先行指标，是让现场员工便于实现“销售最大化，费用最小化”必不可缺的指标。

例如，通过“接单余额”可以预先把握将来的生产实绩、销售实绩、入账实绩（现金流入）；通过“下单余额”可以预先把握将来的费用实绩、付款实绩（现金流出）。

在经营过程中，余额伴随实绩的计入而发生。如果是销售，伴随着“接单实绩”的是“接单余额”。如果是生产，伴随着“生产实绩”的是“库存”。所以，要正确把握经营数字，不能仅仅知道实绩数字，而是始终将“实绩”和“余额”一一对应。

在一般的财务管理中，几乎没有将“实绩”与“余额”一一对应进行管理的做法。虽然有库存管理或应收账款管理的方法，但都没有与实绩关联，没有作为经营的先行指标加以运用。

着眼于“实绩”和“余额”，是阿米巴经营的特征之一。接下来，我们分别针对“订单生产方式”“库存销售方式”“公司内部买卖”“采购”的具体运行机制进行说明。

1. 订单生产方式中实绩和余额的对应关系

订单生产方式中实绩和余额的对应关系，请参考图 4–3。

首先，销售部门根据客户的询价提出报价后接到订单，计入“接单实绩”，此时，作为余额的“销售接单余额”和“制造接单余额”就产生了。

图 4-3 订单生产方式中实绩和余额的对应关系

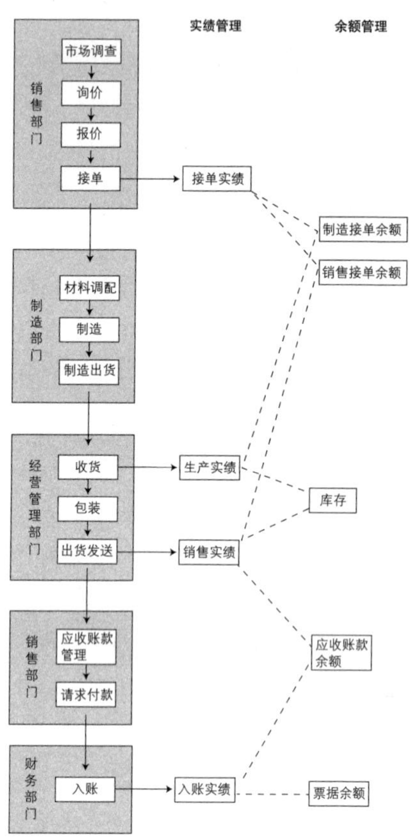

接着，制造部门调集材料进行生产，将完成的产品交给经营管理部门。这时就要计入“生产实绩”。余额就发生了变化，“制造接单余额”要减去相应额度，而“库存”要增加相应额度。

将产品交付给客户，这时就要计入“销售实绩”。余额就发生了变化，“销售接单余额”和“库存”就要减去相应额度，而“应收账款余额”就要增加相应额度。

之后，就要向客户请求付款了。如果货款入账，就要计入“入账实绩”而“应收账款余额”就要减去相应的额度。如果是支票入账，“票据余额”就要增加相应额度，在最终兑现时支票变为现金，整个交易就结束了。

只要严格地进行实绩、余额的管理，“接单实绩”和“生产实绩”，“销售实绩”和“入账实绩”都会相等。就是说，**在计入接单实绩的时间点，就能够把握将来的生产、销售，甚至是入账金额。**

销售部门可以根据接单余额推测将来的销售额。如果接单余额变少，就能抢在实际销售额减少之前采取措施。制造部门可以根据接单余额调整生产计划，让生产更有效率。在订单生产方式中，这就是支持企业创造高收益的支柱。

2. 库存销售方式中实绩和余额的对应关系

库存销售方式中实绩和余额的对应关系，请参考图 4–4。

首先是销售部门捕捉市场需求，与制造部门协商后，将这种需求转化为商品。决定以后，由销售部门向制造部门发出订单，经营管理部门受理后计入“公司内部下单实绩”。“销售下单余额”和“制造接单余额”就会产生。

接着制造部门进行生产，将完成的商品交付经营管理部门，这里就要计入“生产实绩”。“销售下单余额”和“制造接单余额”这两个余额就会减少，而“库存”会增加。

销售部门从客户处拿到订单后，发出出货指示。这里就要计入“接单实绩”，“接单余额”就会增加。

图 4–4 库存销售方式中实绩和余额的对应关系

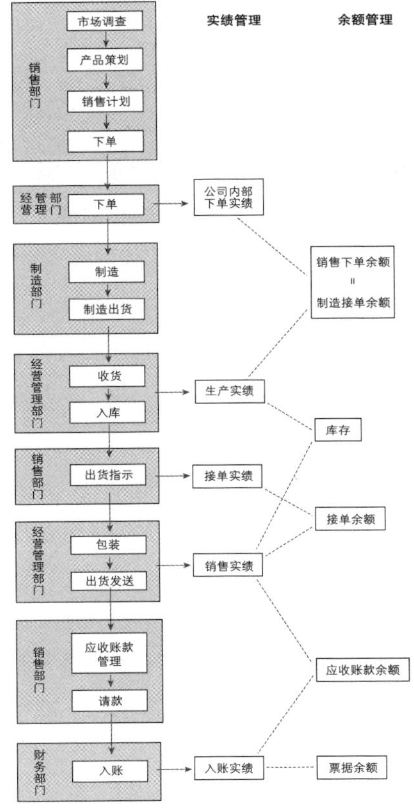

经营管理部门将商品出货后，计入“销售实绩”，“库存”和“接单余额”就会减少，而“应收账款余额”就会增加。

在这之后就和订单生产方式的流程一样了。

3. 公司内部买卖中实绩和余额的对应关系

公司内部买卖中实绩和余额的对应关系，请参考图 4–5。

需要从其他阿米巴购入部件的阿米巴（称为委托部门）向生产部件的阿米巴（称为被委托部门）询价，并进行价格、交货日期、产品规格的谈判。

订单内容确定后进行下单处理时，计入“接单实绩”和“下单实绩”，于是“接单余额”和“下单余额”就产生了。

被委托部门于是着手生产，部件生产完成后交付给经营管理部门，计入“生产实绩”和“采购实绩”，“接单余额”和“下单余额”减少，交易完成。

图 4–5 公司内部买卖中实绩和余额的对应关系

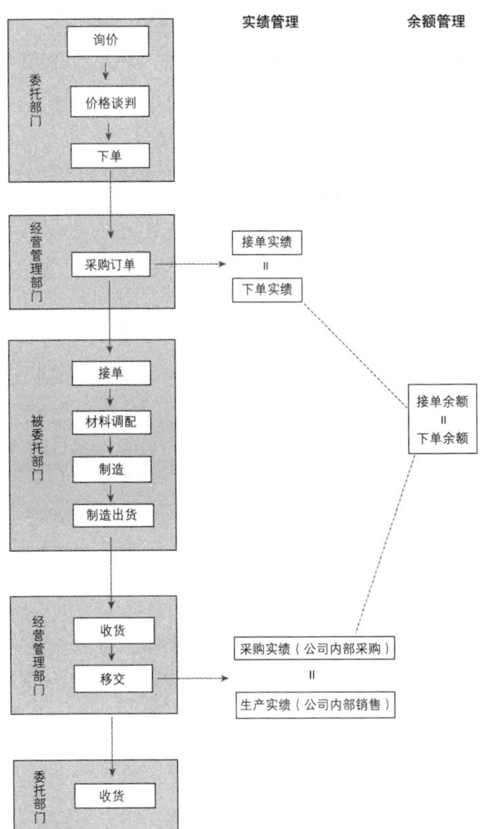

4. 采购流程中实绩和余额的对应关系

前面说过，阿米巴经营中为了实现“购入即费用”，需要确立采购流程。在采购流程中也要将实绩和余额进行对应性的管理。请参考图4–6。

委托部门委托采购部门采购后，采购部门选定供应商后发出订单。这个时候计入“下单实绩”，于是“下单余额”就产生了。

供应商交付产品后，经营管理部门收货。这时计入“收货实绩”，而“下单余额”相应减少，与此相对应，“未验收”就增加了。

收货后，委托部门对产品进行验收，验收完成后计入“验收实绩”，就被认可为公司的费用。在余额方面，“未验收”减少，“应付账款余额”增加。

应付账款由财务部门支付后，计入“支付实绩”，“应付账款余额”减少，交易完成。

图 4-6 采购流程中实绩和余额的对应关系

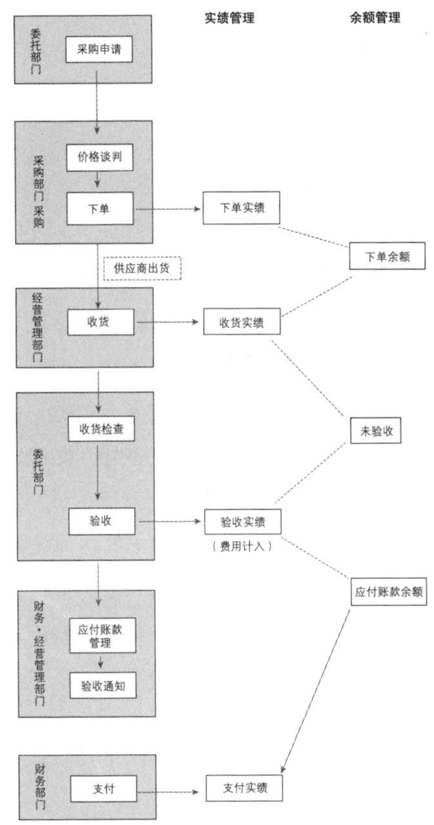

七、活用信息系统

在核算管理中，数字只有被应用才有意义。为了实时掌握正确的经营数字，如何活用信息系统就成了一个不可回避的课题。

绝大多数企业，通常都会导入财务系统和销售管理系统等多个信息系统。在导入阿米巴经营时，重要的是要验证，用哪个信息系统，怎样活用，才能获取单位时间核算表中的各项数据。

如果是与收入相关的数据，就可以活用销售管理系统及生产管理系统；如果是与费用相关的数据，就可以活用财务系统及采购系统；如果是与时间相关的数据，就可以活用考勤系统等。

另外，对各个系统的数据输入的时间点，对统计数据所需的时间等，必须进行确认。

迅速获得正确的经营数据才是最重要的。从这个观点出发，根据情况，有必要探索使用新的信息系统。

阿米巴经营的核算管理机制是一种追求会计本质的缜密的机制，适用于全公司和全部门。阿米巴经营的规则构建和运用需要花费相应的成本和时间，但是，以“全员参与经营”为目标的阿米巴经营所带来的效果，会远远超过这些管理成本。

05

第五章

全体员工靠自身意志创造核算收益

一、调动员工积极性的七个关键
——经营者的作用

1. 经营者的热情必不可缺

把组织细分，确立收入、费用和时间的规则，从单位时间核算表中读取各个阿米巴的实绩后，接下来就进入了全员参与、共同经营的实践阶段。

但是，仅仅是制定了规则，建立了机制，阿米巴经营还发挥不了它的作用。就像在第一章、第二章中讲到的那样，经营者必须将经营的目的和自身的价值观提升至“哲学”的高度，并与全体员工共有。否则，不仅无法最大限度地发挥组织的力量，甚至都无法凝聚员工。

同时，要抱着如何也要经营成功的热情。企业经营者自不必说，各个阿米巴长也要拥有与

"经营者的分身"相匹配的那种热情。就像第一章中所讲述的"成功方程式"那样，**如果面对工作和人生时没有正确的思维方式和强烈的热情，那么即便有能力也无法成功。**

经营能否成功，取决于经营者的热情和思维方式。对于创业期的小微企业，凭借经营者的热情就能推动组织向前；一旦企业成长为中小企业时，为了凝聚员工人心，哲学就变得必不可少了。

这在独立核算的阿米巴组织中也完全一样。各个阿米巴的领导人必须充满热情，不断努力向部下传授正确的思维方式。这样，领导人把大家的心凝聚起来，就是全员参与经营的起点。

京瓷也是如此。稻盛从创业时开始，就提出了让员工们从内心认同的经营理念，将员工视为伙伴，努力构筑家庭般的信任关系，向每一位员工传授哲学（后来成为京瓷哲学），并亲身实践。而且，稻盛以燃烧般的热情投入经营，一个接一个地实现了被认为是极其困难的目标，从而极大地提高了作为领导人的向心力。

不仅是企业经营者，所有的阿米巴领导人都要努力发挥这种领导力，这是实践阿米巴经营的前提条件。

在本章中，首先要介绍的是稻盛所揭示的经营的原点——调动员工积极性的七个关键，这是企业或组织的领导人必备的思维方式。在此基础上，具体讲述作为经营者分身的各个阿米巴的领导人，应该如何让每一位部下都积极主动地参与经营。

2. 调动每个人的积极性

让公司不断成长发展的非常重要的一点，就是让员工拥有和经营者一样的思维方式和热情，拼命投入工作。光靠经营者一个人，再怎么努力，成果也有限度。要调动每个员工的积极性，让他们自发地想参与经营，这才是经营的原点。稻盛总结为下述的“调动员工积极性的七个关键”。

（1）把员工当作经营伙伴

为了扩大事业而雇用员工的经营者首先应该

考虑，应该与跟自己一起奋斗的员工建立什么样的关系。

如果希望员工能够为了公司的成长和自己共同奋斗，就不能仅仅基于雇用和被雇用的僵硬关系。必须要将员工视为能够和经营者同心同德、共同经营的伙伴，也就是能和经营者一起承担经营责任的共同经营者。

为此，必须直截了当地告诉员工“我就依靠你了”。在此基础上提出，“我想办这样一家公司”，与员工分享自己作为经营者的想法。这是在公司内部构筑人际关系的第一步。

只要有“依靠员工”、将员工作为经营伙伴迎入公司的姿态，员工就会想，“如果是这样的领导，我愿意追随”。

(2) 得到员工发自内心的爱戴

把员工作为经营伙伴迎入公司之后，经营者就要努力得到员工发自内心的爱戴：“我一生都要追随这个人！”让部下产生这样的想法很重要。

为此，经营者必须置身一边，优先考虑员工

的利益，对员工抱有体贴和关爱之心，而且要比任何一位员工都更勤奋。正是因为经营者不惜牺牲个人利益，全身心投入工作，员工才会爱戴和迷恋经营者。

对于努力投入工作的经营者来说，没有任何事情比自己信任的员工离开公司更为落寞和无奈的了。为了不让这样的事情发生，经营者必须与员工建立起心心相印的人际关系，努力实现全体员工的幸福。

（3）阐述工作的意义

如上所述，在打动员工的同时，经营者还必须向员工阐述工作的意义，从理性层面提高员工的积极性和主动性。

由于每天的工作单调而辛苦，所以现场的员工很容易将工作理解为单纯的“作业”，最后变成只想每个月拿到工资而已。因此，要努力向这些员工讲述工作的意义，提升士气。

创业之初，京瓷的工作环境极其艰苦，工作现场充满了原料的粉尘，高温炉让室温居高不下。

在这种环境下将原料粉碎烧制，绝大多数员工都认为，这是一份单调无趣的工作，没有什么了不起的价值。但是稻盛却这样述说工作的意义：

“我们现在研究的课题，是大学里的专业研究人员都没有做过的，全世界也只有一两家企业在从事这种最尖端的研究开发。这项研究能否成功并为世人造福，取决于你们的努力。”

无论如何要提高员工的工作热情，稻盛寻找各种机会向员工讲述工作的意义。

（4）描绘远大的愿景

经营者向员工描绘远大的梦想，即树立愿景是非常重要的。

包括经营者在内的全体员工是否具备共同的梦想、共同的愿望，企业成长的潜力将大相径庭。经营者和员工共有伟大的愿景，员工一旦和经营者一样拥有“非如此不可”的强烈愿望，那么，意志力量产生的巨大的能量，就能超越一切障碍，朝着梦想实现的方向前进。

例如，京瓷当年只是一家小微企业，员工仅

有几十人，连厂房都是借用的仓库。但作为经营者的稻盛却不断诉说远大梦想："要成为日本第一、世界第一的企业。"

最初大家都半信半疑，但随着稻盛的不断诉说，大家真的开始相信了，并且为了实现这一梦想而齐心协力，最终京瓷成为一个持续挑战高目标的集团，在精密陶瓷领域超过了领先者，成了世界第一，继而展开各种事业，最终成长为销售额超过一万亿日元的企业。

描绘愿景并与员工共有，提高他们的积极性，这成为企业发展的巨大推进力。

（5）确立使命

为了保持员工的热情，让他们坚定不移，就需要明确公司的使命和目的，并与全体员工共有。

而且，这样的使命和目的中必须有大义名分。例如京瓷的经营理念是："追求全体员工物质与精神两方面的幸福。"这是超越经营者私利私欲的，是为了员工的。这种大义具有感动员工的巨大力量。

揭示使命的，应该不仅仅是经营者，被委任开拓事业的干部也是一样，要向部下阐述本部门工作的社会意义，并向大家传达，“这项工作有如此了不起的意义，所以要更加努力”，公司就会形成拼命努力的氛围。

（6）不断讲述哲学

经营者必须向员工阐述自己持有的“哲学”，并与员工共有。为了实现崇高的企业目的，到底依据怎样的哲学经营企业，要推心置腹，向员工说清楚。

“人为什么而活，为什么工作，我对人生是这么思考的，我打算这样度过自己的人生，我希望与大家一起以这样的态度来度过人生。”

要给员工讲这些道理。这样，员工就会产生共鸣，一起为公司竭尽全力，这样的企业才能取得卓越的成功。

在京瓷，稻盛不断给员工讲自己的哲学，也就是“京瓷哲学”。当这样的哲学成为员工共同的价值观被接受时，员工的积极性会自发地高涨，业绩也会得到同比例的提升。

（7）提高自己的心性

企业的发展无法超越经营者的器量。为了让企业发展壮大，经营者必须努力提高心性，不可懈怠，必须认真学习哲学，不断扩大自己的器量。稻盛称之为“**提高心性，拓展经营**”，这是经营的要谛。

如果还没有建立起自己的哲学，那么，开始时可以参考前人的哲学。通过反反复复地讲述和每天的实践，从别处借来的哲学就会成为自己的东西。重要的是，经营者自身必须持续反复地学习。

彻底实践上述七个关键，让员工共鸣、赞同，鼓起他们的干劲，这是实践阿米巴经营的前提。关于这七个关键的详细内容，请参阅《调动员工积极性的七个关键：稻盛和夫经营问答》（机械工业出版社）。

二、制定年度计划——靠自身意志创造核算收益①

1. 领导者在达成目标过程中的职责

在阿米巴经营实践中，经营层和各个阿米巴的领导人都要发挥重要的作用。即使是小阿米巴的领导人，如果不能像经营者那样拥有高涨的热情，树立高目标，并且每天和伙伴一起核算，创造效益，就无法实现全员参与的经营。

下面要介绍阿米巴经营中的具体方法，即制定计划的方法，以及每天的核算管理方法。这里必不可缺的，就是稻盛所揭示的“达成目标所需的领导者的五个职责”。领导者要在意识到自己的这五个职责的基础上，推进每一天的工作。

为达成目标，领导者需具备的五个职责：

· 树立明确的目标，从内心相信目标能够达成；

· 不断研究具体的合理的方法；

· 向部下明示达成的方法，提升他们的自信；

· 听取部下的意见，如果正确，就要采纳；

· 极度认真地创造每一天的核算收益。

（1）树立明确的目标，从内心相信目标能够达成

领导者在树立明确的经营目标的同时，必须从内心相信这个目标必能达成。企业经营取决于领导者的意志。领导者必须能够描绘组织应有的姿态，树立明确的目标，并从内心不抱任何怀疑，相信目标必能实现。

（2）不断研究具体的合理的方法

领导者为了实现自己定下的目标，必须不断研究具体的合理的方法。仅仅树立目标是不够的，要反复进行缜密的推演，思考到透彻为止，好像结果已经在实际中发生了那样，在头

脑里看到成功的景象。

（3）向部下明示达成的方法，提升他们的自信

领导者要向部下明示达成目标的方法，要让部下有一定能达成的自信。领导者需要述说工作的意义，教授具体的方法，向员工注入能量，让全体员工都拥有无论如何非达成不可的愿望。

（4）听取部下的意见，如果正确，就要采纳

领导者为了找到方法达成目标，需要听取部下的意见，正确的意见就要采纳。这样就能让部下有参与经营的意识。

虽然目标应该是以领导者为中心设定的，但不能仅仅自上而下地决定，而是在制定计划的时候就要让部下参与，让全员都拥有“这是我们自己制定的计划”的意识。

（5）极度认真地创造每一天的核算收益

领导者为了领导团队达成目标，每天都要创造核算收益。要殚精竭虑、极度认真地考虑每天

的收支，努力积累实绩数字。**核算效益是领导者意志和行动的结果，领导者在经营中必须每天都考虑收支盈亏。**

2. 两种经营计划

为了发挥上述作用，各个阿米巴的领导人首先应该以企业经营者描绘的梦想和愿景为基础，建立自己部门的经营计划。经营计划分成被称为“Master Plan”的年度计划和为了实现年度计划而制定的“月度预定”。

两个经营计划：

· Master Plan（年度计划）；

· 月度预定（为达成年度计划制定的月度计划）。

下面主要介绍年度计划的制定方法。

在制定年度计划时，要将销售和生产等收入，以及为获此收入所必需的费用和时间，用“单位时间核算表”的格式，制定成 12 个月的目标。如果是每年3月底决算的企业，就要制作从当年4月到第二年3月的每个月的计划。在制定这个年度计划的流程中，要加入促进全员参与经营的机制。

3. 融合自上而下和自下而上

围绕年度计划的制定，经常会产生“自上而下和自下而上哪种方式更好”的讨论。一方面，自上而下的目标设定中经常会出现的问题是，对于现场的员工来说，由于是“上面给的目标”，所以员工的参与热情和达成愿望不会很高。一般的方法是，经营者和财务部门等一部分干部一起制定年度计划，自上而下地向现场下达目标。这样的话，现场的员工会觉得“社长和财务部门主观随意地设定如此高的目标，我们根本无法达成”，在采取行动之前就失去干劲。

而另一方面，自下而上地制定年度计划，也往往只会制定出容易达成的、保守的目标。

还有，在采用“预算制度”的一般制造业企业中很常见的是，销售预算等收入目标由销售部门制定，制造成本的预算由成本管理部门或经营企划部门制定，其他费用预算由实际使用费用的部门制定。在这种情况下，只是把管理部门制定的数字强加于人，大多数员工所在的制造部门很难接受，很难产生责任感。

而且，对照收入和费用确立利润目标的只限于财务部门等特定部门，根本不给销售部门和制造部门的员工思考自己部门利润（核算）的机会。这样无法让全体员工以经营者的意识来思考自己部门的发展，就无法孕育生气勃勃和充满活力的企业氛围。

与此不同，在阿米巴经营的“Master Plan”中，各个阿米巴的销售额、费用以及基于这两者的利润目标，都由各个阿米巴自身负责制定。

以这种自下而上的、从现场累积的数字为前提，在重视现场员工们的意志的同时，经营者会论述自己的目标：要如何发展这个公司？为此需要什么条件？就是说，经营者如何将自上而下与自下而上统一起来——在重视现场意志的同时，将经营者自己的愿望反映到现场的目标设定上，为此而绞尽脑汁。

这样设定的各个阿米巴的销售和利润目标的合计，就是全公司的销售和利润目标。这样，员工们就能切身感受到“自己对公司的销售额和利润做了何种程度的贡献”，就会带着使命感和责任感，努力投入到计划的落实中。

4. 设立“非达成不可”的目标

为了将经营者的愿望传递给现场并让员工由衷认同，为了让员工拥有达成目标的使命感和责任感，制定年度计划需要花费充分的时间，各阶层要反复对话。根据企业规模和经济形势不同，大致要花 3 ~ 6 个月制定年度计划。

首先是发表“社长方针”。所谓社长方针，包括销售额和利润的增长率，以及各个事业的战略等。在分析经济环境和市场动向，分析最近业绩（本年度预测）的基础上，融入经营者自身的“意志”或“愿望”，确定明年的方针。就是说，以经营者希望公司不断成长发展的愿望为基础，考虑“1 年后想让事业发展到这种程度”，设立这样的销售目标和利润目标。

接着，在社长方针的基础上，现场的各个阿米巴制定各自的目标，并与上司和干部反复讨论，努力体现社长方针。重要的是，将领导者的愿望变成员工的愿望，让全体员工觉得“一定要达成这个目标”。

顺序是这样的：各个阿米巴用单位时间核算表制定自己的年度计划，并逐级上报。在此过程中，每个阶层都不断召开研讨会，反复讨论直至全员认可。为了实现社长方针，各个阿米巴制定出自己的目标。

最后，经营者和最高层组织领导人讨论各部门目标是否妥当。即使到了最高层，经营者也不能单方面命令式地给出具体的数值目标。一旦这样做，这个目标就不会被全员接受。

归根结底，要重视各个阿米巴的意志。如果有必要，可将计划退回给相应的阿米巴。这种情况下，经营者要参加，要传递自己的想法。通过这样反复多次的讨论，一方面让社长方针渗透到现场，另一方面自下而上地汇总年度计划。

相比别人给的目标，人们有更强烈的意愿去达成自己制定的目标。因此，阿米巴经营中年度计划的制定，是以社长方针为基础，彻底地遵循自下而上的计划制定流程。而且，通过每个阶层的反复讨论，让各个阿米巴的领导人都能切实认识到本部门的作用。重要的是，要制定所有当事人都认为“一定能达成”的目标。

5. E 公司的年度计划制定案例

现在用在第三章和第四章中介绍过的 E 公司的案例，来看制定年度计划的具体案例。

E 公司是某家电企业的供应商，于 2012 年 9 月导入了阿米巴经营。导入阿米巴经营之前的 2012 年 3 月期的决算，销售额为 175 亿日元，利润率为 3.5%，员工人数 225 名。

公司的业务集中于一家大型家电企业，这家客户占到 E 公司销售额的九成以上。由于每年都有苛刻的降价要求，所以过去 5 年的销售额没有增长，而且收益始终很低。每年的 2 月和 8 月，E 公司都因出货（销售额）大幅下跌而陷入单月赤字，这一结构性问题持续了10年。

E公司的社长对于业绩的停滞不前持有强烈的危机感，同时担忧公司内部缺乏活力。特别是，他认为科长、系长等肩负将来责任的人才没有培养起来，是一个大问题。

为了打开局面，把公司转变为高收益企业，让员工在物质和精神的两方面切实感受到幸福，社长决定导入阿米巴经营。

①导入第一年的工作

在导入阿米巴经营时，E公司首先改变过去仅由社长和财务部门制定年度计划的做法。

2013年1月，社长召集各位部长，在新年会上讲述了关于制定新年年度计划的想法[①]。具体说，销售额要超过本年度预测销售额的10%，增加至193亿日元，利润率提高到5%，为此在2月和8月也要实现盈利。而且提出，将这样的想法定为社长方针，并希望各科长自下而上地提出

① 日本的会计年度从每年4月开始。——译者注

下一年的年度计划。

部长们对于这种从来没有过的高目标不知所措，而且不再像以前那样自上而下地制定计划，而是让科长们自己制定计划，他们对这个做法流露出困惑的表情。

社长早就预料到他们会有这样的反应，所以此后不断地和部长们反复讨论。

结果，包括2月和8月实现盈利的计划在内，汇总制定了年度计划，但却没有付诸实施的行动计划。从新年度的4月开始，实绩就没有达到预定的目标。

过了几个月，科长们就开始窃窃私语，说“这样的目标太高了”。在会议中，当社长追究年度计划未能实现的原因时，大家都流露出不满的表情，所以社长也感觉无法强制推行。

在上半年，不仅科长，连部长都将年度计划抛诸脑后，年度计划变成了有名无实的东西。

②导入第二年的工作

社长在制定2014年的年度计划时，改善了流程。必须制定全体员工真心实意想要达成的具有行动计划的目标，否则就会重蹈覆辙。“下次一定要达成计划”，为了表明这个决心，社长再次提出了与去年相同的方针（销售额增长 10%，利润率提高到 5%，2 月、8 月扭亏为盈）。

然后，在 2013 年 11 月召开的第一次年度计划讨论会议上，依据销售部长准备的分客户、分产品的销售额和收益分析资料，社长和部长们讨论了实现社长方针的重点策略。

通过长时间的讨论，部长们逐渐认识到了社长的坚决态度，但仍然摆脱不了原来的观念，提不出具体的行动方案。最后决定，部长们各自把课题带回自己的部门，与科长们商量对策后，再召开第二次讨论会。

在 12 月上旬召开的第二次年度计划讨论会上，根据各部长提出的方案，如“针对 5 家重点客户扩大销售新产品”；“为削减原材料费，要面向海外，开拓新的供应商”；“品质问题正在逐步改善，成品率可以提高 2%”，等等，互相交换意见。讨论会持续至深夜，大家边喝边聊。

在 2014 年 1 月上旬的第三次年度计划讨论会上，大家进行了热烈的讨论。所有的部长都理解并认同了社长方针，制定了重点措施。

但是，从 1 月中旬开始的各科的年度计划制定却不顺利。比如，对于销售部长提出的“针对 5 家新客户要扩大销售”这一重点实施方案，承担任务的销售 2 科的科长虽然理解了必要性，但因为没有以自己的意志设定目标的经验，所以怎么也提不出接单目标和销售目标，以及为了达到目标的具体的行动计划。

于是，社长和销售部长参加了销售 2 科的年度计划讨论会和之后的酒话会。社长提出“为了实现物质和精神两方面的幸福，希望销售部门打头阵，引领公司前进”。销售部长向大家征求“应该如何向 5 家新客户采取行动”的意见。以此为契机，销售 2 科的全体成员的热情都被点燃，确定了针对 5 家新客户的接单目标、销售目标及其行动计划。

部件制造科的科长最初也提不出大胆的改革方案。根据制造部长的建议，部件制造科召开了全科的意见交换会，采纳了大家许多好的想法。最终，用数字确立了成品率提升目标和采购价格降低目标，并提出了具体的行动计划。“这样的话，目标可以实现”，大家有了信心。

2014 年 3 月上旬，在汇集了各科的年度计划后，全公司的年度计划就制定完成了，这次的年度计划不仅符合社长提出的方针，而且还制定了自下而上的具体行动计划。

2014 年 4 月上旬，全体员工汇聚一堂，召开了首次“经营方针发布会”。在会上，社长公布了公司整体目标和重点措施，各部部长依次宣布了各部的年度计划和具体的行动计划。

对于员工来说，这是新鲜的体验。过去从来没有机会直接从社长、部长口中听到这样的话。员工们热情满怀，“无论如何一定要达成年度计划”的共识就在那一刻产生了。

经营者反复阐述自己的方针，虚心听取来自现场的意见，努力消除员工“这么高的目标不可能实现”的否定意识，形成了“只要全员共同努力，就能达成目标”的共识。这种沟通的流程非常重要，在制定年度计划过程中必不可少。

另外，制定年度计划之后，如果经济环境或经营环境发生了重大的变动，经营层必须认真研究，及时调整，如果有必要，甚至需要重新制定计划。因为计划一旦脱离实际，就不可能凝聚员工的力量去实现。

三、月度核算管理——靠自身意志创造核算收益②

在阿米巴经营中，“为了达成年度计划，每月累积确凿的实绩数字必不可缺”。从这一观点出发，以 1 个月为单位的详细计划的制定和实施是最重要的一环。为此要制定“月度预定”并加以实行。

月度预定的制定和实行，以阿米巴的领导人为中心，在听取阿米巴成员意见的基础上进行。在计划阶段和实施阶段，都要让阿米巴成员参与进来。

1. 注入 100% 达成目标的意志

表示业绩走向的词语有“预想”“预测”等。当人们在公司内部会议上用到这些词语时，表达了怎样的意志和愿望呢？阿米巴经营的“月度预定”是必须达到的承诺数字。这一点来源于第四章中提到的“会计七原则”之一的“完美主义的原则”。

比如，即使达成率99%，也不能认为“干到这样已经不错了”，而要反省“为什么最后1%没做到呢？”正因为这种追求完美的心态，全员才能在情况每天变化，甚至发生突发性问题的现场也不气馁，具备坚决实现目标的不屈不挠的精神。

月度预定的制定，不仅仅是将数字填入单位时间核算表，还要在阿米巴领导者100%达成目标的强烈意志之下，确定阿米巴所有成员的责任。

在此基础上，阿米巴领导人要预想到可能发生的问题和困难，以及应对措施等，反复进行缜密地推演，确立最终方案。

2. 落实到每一个人的行动上

在制定月度预定时，阿米巴领导人要对单位

时间核算表中的所有科目，以 1 日元为单位进行探讨。这个时候要为达成年度计划做出详细的预定，增加多少收入，削减多少费用，缩短多少个小时的时间，等等。同时必须思考为了实现以上目标需要制定怎样的行动计划。

要做到这些，领导人必须非常了解现场的情况。在此基础上，通过全员的认真讨论，领导人的意志才能得以渗透，才能制定出现场员工实际可以执行的预定。领导人要和阿米巴的每个成员逐一讨论，给出具体的课题和行动计划，明确每个人在这一个月中要怎样开展活动。

比如，制造部门的某个阿米巴领导人设定了如下目标：“通过提高效率，削减 50 小时加班时间，用一个月将单位时间附加价值增加 200 日元。”这个时候，阿米巴领导人就必须说明削减工作时间等行动计划。同时，用具体金额展现改善效果。

然后，还要确定每个执行者的行动计划。比如改变材料的放置场所是否让作业更流畅，缩短标准作业时间等工作究竟由谁来负责，要听取全员的意见后决定。接着，这些工作的进度，不能交给负责的员工后就放任不管，自己要跟踪，必要时予以帮助。通过这些步骤，激发员工的干劲，把员工“卷”进来。

将行动计划落实到每个阿米巴成员的工作中，大家就会形成强烈的意识：“这是我们自己的目标！”

3. 每天核算

在实行已经制定的预定时，必须从月初开始就一天一天扎实地累积实绩数字，确保月底能达成预定，这就是“每天核算”。

为此，每天确认实绩的进展非常重要。仅仅在月末看看统计好的核算表，回顾一下“已经达成了的预定”或“没有达成的预定”，这样的做法称不上是经营。

关于这一点，稻盛的观点是：

“所谓经营，并不是看着月末的核算表进行的。经营是具体详细的数字的累积，积累每一天的销售额和费用，才有了月度核算表。天天都核算收支，必须抱着这样的意识去经营。不看每天的数字去经营，就像不看仪表盘操纵飞机一样，飞机向哪儿飞，在哪儿着落都不知道。同样，目光离开了每天的经营数字，是绝不可能达成目标的。”

阿米巴领导人更是如此，必须每天确认阿米巴成员的努力是如何反映在实绩上的。

例如，如果某月的工作天数是 20 天，要达成预定，就必须每天积累 5% 的实绩。如果在月中出现了延迟，就必须迅速查出原因并给出对策。对日常在现场出现的问题，必须随时采取措施予以解决。

“每天核算”，必须像第四章中所论述的那样，实时把握每天实绩的推移。正因为实时把握，不仅能让阿米巴成员关心自己部门的实绩，而且让他们能够理解领导人提出的补救措施，并积极地协助执行。

正是通过全员同心协力，每天累积实绩数字，在达成月度预定时，大家才能感受到更大的喜悦。“每天核算”对于提高组织的整体感是必不可缺的。

4. 通过业绩讨论会培养人才

在阿米巴经营中，为了切实达成目标，要使用单位时间核算表，举行业绩讨论会，也就是阿米巴经营会议。

业绩讨论会的目的是，为了实现年度计划，相关各方都要了解各阿米巴的现状与问题，明确解决问题的办法。会议按层级召开，作为经营层的社长和相关干部会出席最上层的会议。此外，还有科长、系长等参加的以科为单位的会议，以及销售部门和制造部门间的例会等。如果有必要，还会召开临时会议。

在社长参会时，会议的议程如下：

首先，社长公布全公司的前月实绩和当月预定、经营环境和经营状况以及本月需要努力的重点课题等内容。

接着，各个阿米巴的领导人按照顺序，发表各自阿米巴的前月实绩、当月预定、行动计划和课题，社长和其他干部依据单位时间核算表提出问题或给出建议。根据预定和实绩的差异以及实绩的推移，可以抓住问题的核心，给出恰当的指导。

例如，假设制造部门的某个阿米巴公布的内容显示，前月的总生产落后于预定，但总时间却大幅地超过了预定。问其理由，回答是：“发生了很大的质量问题，产品无法出货，导致总生产落后于预定，为了赶上生产进度，所以安排了超出预定的加班时间。”这时，社长就会批评：“这种重大事项为什么不马上汇报？”同时，向出席会议的技术部门的成员征求意见，讨论如何防止这种质量问题再次发生，并落实行动计划。

如有问题，出席会议的全体成员要进行彻底的讨论，并在当场得出结论。如果是重要事项，会议时间可以延长。这样创造一种可以自由讨论问题的氛围。重要的是讨论，全体参会人员都能学到经营部门所需要的思维方式和判断基准。这么做，不仅有助于达成年度计划，而且可以培养具有经营者意识的人才。

5. E 公司的会议运作案例

我们再用E公司的案例来介绍一下会议的运作。前面讲过，E公司在导入阿米巴经营的第二年，年度计划的运用开始上了正轨，业绩讨论会在每月上旬召开。为了培养共同经营者，出席者除了社长和部长之外，还有科长和系长。以前，科长和系长很少有机会跟社长见面，这个会议就成了科长、系长直接向社长表达自己的意见，或接受社长指导的宝贵机会。

在2014年8月召开的会议上，因为在社长方针中就明确“8月份要盈利”，这是付诸行动的月份，所以会议一开始，社长就强调这个目标一定要实现。

接下来，各部门汇报了7月实绩和8月预定。为了实现8月份一定要盈利的目标，社长反复指示和建议，同时社长还向与会人员征求意见，并当场采纳合适的建议，这些点燃了全员无论如何一定要达成目标的热情。

会议结束后，举行了“誓师酒会”。社长表达了对部长、科长、系长平日工作的感谢，随后走到每一桌，对每位员工表达慰问。

第二天，科长和系长们向各自部门的成员传达了会议和酒会的情况，部下们深刻感受到不仅社长和部长，连科长和系长也要真干了。原先，大部分员工的意识都停留在“社长是这么说的，如果能实现倒是挺好”的层次，这次大家的意识发生了改变，在日常工作中，越发努力地削减费用，缩短时间。

结果，通过降低次品率削减了费用，通过作业效率的提高缩短了时间。9 月上旬发表了 8 月份的实绩，结果是完美地达成了预定，实现了 8 月单月盈利的目标。

在月初的酒会上，全体员工一起分享了预定达成的喜悦，提高了职场的向心力。靠着这种势头，E 公司在 9 月也同样达成了预定。同时，上半年各项目标也都顺利完成。

大部分员工们都决心“一定要完成全年的年度计划”。

6. 实践案例：日航如何做好机内销售

接下来，从月度核算的观点，以日本航空公司的改革事例，介绍客舱本部在机内销售方面所做的努力。

飞机上的空乘人员（CA）主要负责安全业务和服务业务。其中的服务业务除了向乘客提供饮料和食物、机内广播等以外，还有机内销售业务。

导入阿米巴经营之前的日航，机内销售的商品由其他部门选定，CA 的职责是销售指定的商品。另外，一般情况是机内乘客提出购物要求，CA 才予以应对。几乎没有人想到要提高机内销售额或者提升收益。因此，滞销商品很多，到了年末，经常因为处理库存而导致赤字。

听说这一情况后，稻盛在导入阿米巴经营时，判断机内销售应该能产生足够的利润，应该将其作为一个事业进行独立核算。于是，将商品的选择和定价交给了最了解乘客需求的CA，而且建立了每月的销售额和利润预定，每天都按航班进行核算。

结果，CA们聚集起来，认真展开了讨论，应该销售何种产品，从哪里采购，以及如何定价等。

CA们自己选定销售的商品，自己决定价格，对商品产生了热爱，努力让乘客们更高兴、更满意。同时，提高了达成月度销售目标的意识，在飞机上拼命向乘客们介绍商品，结果销售额也增加了。由于CA提高了核算意识，机内销售成为带来足够利润的独立事业。

四、每个员工都是主角

阿米巴领导人以自身意志制定计划，让阿米巴成员参与每天的核算。在这个努力过程中，重要的是让执行行动计划的每个成员都充满干劲。因此，需要做好“调动员工积极性的七个关键”。

具体推进工作时，领导人除了在工作场合与员工交流之外，下班后也要和员工坦诚对话，一起分享快乐，这一点很重要。因此，一起喝酒用餐、员工旅行、运动会等活动就非常重要。

哲学的渗透也是如此。阿米巴领导人除了要向员工不断述说外，还要创造全体员工一起学习的机会，准备学习所需的资料等。

进一步说，以是否实践了哲学，是否发挥了领导力来评价、提拔员工也是很重要的。不仅仅是看单位时间核算的数字，还必须有一个人才评价体系，让真正具备实力的人得到提拔，这样才能促进组织长期的成长发展。

接下来介绍营造让每一位员工都成为主角的氛围所应采取的措施。

1. 在恳亲会上真诚对话，构筑信赖关系

在日本企业里，为了增进员工间亲密关系，举办恳亲会，大家一起喝酒吃饭，是很普遍的。这时，通过交流个人话题，可以增进相互间的了解，有时也会发泄对工作的不满，出出心中的闷气。但是，主办者带着明确的意图举办酒话会的情况几乎没有。

在阿米巴经营中，或是阿米巴领导人向阿米巴成员传递哲学，或是大家一起讨论部门的课题，或是讲讲将来的梦想，为了这些目的举办恳亲会。

这种恳亲会的原型，产生于京瓷创业初期。当时，稻盛一有机会就要召集部下，一起去大排档吃乌冬面、喝烧酒，开恳亲会。部下们为了满

足交货日期和技术要求而疲于奔命，有时还会遭到对工作一丝不苟的稻盛的严厉斥责。面对这样的部下，稻盛向他们讲述将来的梦想和工作的意义，真诚交流，为他们加油打气。

此后，随着京瓷的发展，员工不断增加，恳亲会就逐步具有了领导人和员工们相互了解，相互表达感谢之情的意义。

在以日航为代表的导入阿米巴经营的企业中，这种恳亲会也很活跃。阿米巴经营会议或经营方针发布会后，或者业绩情况严峻时，他们利用各种机会举办恳亲会。

一起喝酒吃饭会拉近人与人之间的亲密关系。要构筑员工之间的信赖关系，提高凝聚力，实现全员参与的经营，恳亲会必不可缺。恳亲会成了“以心为本”的经营的基础。

2. 通过公司活动让全员拧成一股绳

一般企业举办运动会、夏季祭祀节或其他休闲娱乐等公司内部活动时，大部分是员工自由参加。与此不同，在阿米巴经营中，将公司内部活动视为提高组织凝聚力的机会，原则上必须全员参加。

比如说举办运动会时，经营者和董事们全部都要出席，在各自所在的团队率先展示自己坚决追求胜利的姿态，凝聚团队。每一支队伍事前都拼命练习，当天全力以赴，争取最好的结果。

在安排设计上，即便有人实在没有办法参加比赛，也要让他们成为卖力的啦啦队员。

京瓷内部有一种说法，“越是在运动会上取得好成绩的部门就越团结，业绩也越好”。公司内部活动，不管是工作还是娱乐都是全员一体。这对于建立全员共同参与的、全力以赴的企业文化，具有巨大的作用。

3. 通过哲学教育，共有判断基准和行动规范

提到员工教育，一般都会有如下印象：有以新员工为对象的入职培训，有面向年轻员工的基础培训，有针对管理层的管理培训，还有专门的技术培训，等等。

与此不同，在阿米巴经营中开展的哲学教育

是全体员工都要学习的，目的是让一起工作的伙伴，在每天的工作中，能够以共同的价值观为基础进行判断，采取行动。

讲课老师原则上就是经营者本人。原因在第一章已经讲过，因为经营者与员工的哲学共有必不可缺。话虽然这么说，当企业规模扩大，经营者无法在所有场合都亲身参与时，可以从干部中选拔合适的人，让他们成为讲师。

还有，最好把哲学形成文字，做成手册发给员工。事实上，京瓷、KDDI、日航以及其他很多导入阿米巴经营的企业都编了自己的哲学手册。

将手册作为教材，持续、定期地实施哲学教育，就能让大家更深刻地理解哲学的真谛。

4. 基于实力主义的人事制度

在阿米巴经营的人事评价中，不是仅仅以单位时间核算实绩作为评价基准，不是仅仅将焦点放在短期成果和核算实绩上。得到高度评价并被提拔的人，是能够中长期持续提升业绩；能够领导事业成长发展；能够实践哲学，依循经营理念做出贡献的人才。

例如，对为了提升业绩而果敢挑战的姿态给予好评。最好的当然是“挑战成功的员工”，其次是“挑战失败的员工”也应予以好评，第三是“没有挑战但成功的员工”，最后是“无所作为而失败的员工”。

在明确评价基准的基础上，对那些虽然没有足够的经验，但拥有高尚人格及出众能力，对工作抱有热情，赢得大家信任和尊敬的人，也就是努力实践哲学的人，要大胆提拔。任命他们当领导人，让他们引领公司前进。这样的领导人发挥出实力，创造了实绩，长期而言，就要给予他们相应的待遇。

另外，阿米巴经营的人事制度还有一个特征，就是可以灵活应对领导人的更替。就像第三章中描述的那样，在阿米巴经营中，组织的新设、合并、废弃频繁出现，例如，部长变为科长这种职位变动也是可能的。为了顺利推进变革，要让职位和工资脱钩，当组织发生变更，员工职位变动时，不让员工担心减少收入。具体而言，就是以资格等级制作为工资的基础，而不设置职位津贴。

5. 实践案例：日航的哲学渗透

哲学渗透能够给员工的意识带来怎样的改变？关于这个问题，我们来看一下日航的案例吧。

就像第二章中讲述的那样，日航在 2010 年编了“日航哲学”，第二年制作成手册发行。这本手册马上就被翻译成英文和中文，分发给世界各地的日航集团的员工。随后，以手册为教材，开展了哲学教育。集团全体员工都定期参加学习。

此外，还有如何理解哲学、实践哲学的“日航哲学发表大会”，员工自主发起的学习会以及每月在公司内部刊物上发表特集等，促进哲学渗透活动的持续开展。

这些措施逐步生效，营造了日常工作中学哲学的环境，对哲学内容产生共鸣的员工们的人格得以成长，他们有了更高的人生目标。在这里，介绍一下日航在海外的某位客舱乘务员的事例，看看哲学给日航员工的意识带来了怎样的变化。

这位乘务员感觉用日语介绍商品太难，责任太重，所以常常拒绝机内销售工作。但是，接触了日航哲学中“脚踏实地，坚持不懈”“始终保持乐观开朗的态度”等条目后，她的心境发生了变化，积极主动地接受了这项业务。

她说：“自己缺乏经验，有时就想，我不做总会有人替我做，所以不做也行，依赖别人成了习惯。但是，学了日航哲学后，我意识到这样下去是不行的。对任何事情都要持积极开朗的态度，全力以赴地去做，哪怕小小的进步也行，要尽量扩展工作的范围。”

实际上，主动接受了新工作后，就会碰到不懂的事情，但她把这种困难当作学习的机会，一一提出来向上司和前辈请教，逐步加深了理解。她有机会还帮别人做事，借此积累经验。

行动变了，周围人看她的目光也变了。上司信任她，就将更多的工作委托她做。她对每一项新的工作都抱着挑战精神，积极去干，这样又积累了新的经验，进入了不断成长的良性循环。

通过学习哲学，她的人格成长了，工作能力大大提高了。她对此有切身的感受：

“我当时读了稻盛名誉会长的《活法》和《干法》等书籍，从内心真正相信了‘敬天爱人’的理念。对于我而言，日航哲学不只是停留在‘觉得挺好’或‘值得赞同’的层面上，日航哲学不仅是引导我做好工作的指针，而且也是做人的正确的思维方式，正确的人生态度。”

就像这样，通过学习哲学，反省自身的人生态度和工作态度，促进了自我成长。制定日航哲学，进行哲学教育，员工们的内心逐步发生了变化，行动也随之发生了变化。这样的变化扩展到全公司，就促使企业的风气发生了根本性的变化。

6. 包含钟点工和临时工在内的全员参与的经营

最后，介绍一家从事餐饮行业的大型企业 F 公司的案例。该公司以哲学为基础，使用单位时间核算表，发挥分部门核算管理功能，带来了企业销售额和利润的持续增长。

该公司约有 750 家店铺，500 名正式员工和约 10,000 名钟点工和临时工，在导入阿米巴经营的同时制定了自己的企业哲学。

该公司持续开店，一帆风顺。但到了 2012 年，销售额和利润双双下滑，发展遇到了障碍。虽然也有经营环境恶化的原因，但经营层意识到，其主要原因是作为现场主力军的钟点工、临时工的意识和行动出了问题。例如，同样的商品在不同的店铺中，口味却不一样。不执行总部规定的操作规程，导致口味不纯正，客人不满意，保证不了产品的品质。

还有，一部分店铺在总部推进“5S”等经营改善措施时，没能有效贯彻，没能保证店面的整洁，效率也没提高。

这也可以说是因为员工和店铺数量急速增长，导致员工教育和对店铺运营的指导跟不上而产生的问题。为了在企业快速成长的同时提高收益，并对员工们的意识进行改革，F 公司决定导入了阿米巴经营。

阿米巴经营最早是在会议制度的改革上发挥效力。在此之前，现场员工参加的是区域经理和店长召开的月度报告会。导入阿米巴经营后，这个会议被改为以单位时间核算表为基础资料的业绩讨论会，而且钟点工、临时工中的负责人也同时参加会议。

在会议中向大家征求意见，讨论如何实现“销售最大化，费用最小化”时，钟点工、临时工也提出了很多点子和想法。区域经理和店长间的交流方式也发生了变化。为了达成预定，应该采取怎样的行动等，大家都直抒己见，认真展开讨论。

对于区域经理来说，当明确各个店铺的行动计划以后，也能够掌握各个店长会以怎样的想法去推进计划了。在此基础之上，根据各个店长每天的实绩报告，就能对各个店铺进行比较，给出具体的指导。

不仅如此，店长和区域经理也提出了自己的方案，店铺独家提供的套餐等新产品开发成功的案例也增加了。

现场的钟点工、临时工也通过参加会议，了解了公司整体的课题和自己店铺的课题，提高了店铺运营的责任感。

而且，他们开始有了月度预定的意识。他们将月度预定的目标值和行动计划张贴在店铺后台，每天确认实绩，投入工作。

企业哲学的导入也带来了成效。分发了哲学手册，通过在晨会上轮读和各种哲学教育方式，逐步在员工中渗透哲学。对面临的各种课题，包括钟点工和临时工在内的全体员工都能相互交流自己的想法和愿望，用积极正面的方法去解决。

F 公司导入阿米巴经营后，连续 5 年实现了销售额和利润的持续增长。

7. 持续不懈地努力

通过以哲学为基础的阿米巴经营的导入，企业能取得切实的成长和发展。京瓷和 KDDI 的快速发展，日本航空公司的重建，以及众多导入阿米巴经营的企业业绩改善的事实都证明了这一点。

但是，也有一些企业导入阿米巴经营后，一开始业绩有所提升，但随后却停滞不前。能让阿米巴经营持续发挥功效的企业和做不到这一点的企业之间，差别究竟在哪里呢？产生这种差别的原因中，最值得注意的是什么呢？

那就是经营者本人产生了傲慢情绪，在阿米巴经营中没有率先垂范。经营者须时刻保持谦虚的态度，持续付出努力。

人心是脆弱的。即便是拥有高涨热情和优秀思维方式的经营者，一旦企业经营有所成就，就会产生懈怠和傲慢。“既然培养了这么多阿米巴的领导人，交给他们干就行了。”只要有了这种想法，在不知不觉中就会一点一点地远离现场，或者失去了谦虚，懈怠了心性的提升。

如果经营者采取这样的态度，就无法持续激发员工的干劲，好不容易建立起来的全员参与经营的企业文化也会衰落。

面对这种现象，稻盛强调：“**要谦虚，不要骄傲，持续努力。现在的成就是过去努力的结**

果，将来的成就由今后的努力决定。”

阿米巴经营并不是仅仅由制度和机制构成的。要让其正常发挥功效，就像前面讲述的那样，经营者的热情和哲学必不可少。

如果忘记这个经营的原点，认为一旦建立了阿米巴的机制，现场员工就会自发地努力工作了，这样的错觉会使阿米巴经营在不知不觉中流于形式。

能不能把阿米巴的领导人培养成经营者的分身，能不能激发现场员工的干劲，形成激情燃烧的团队，关键在于经营者。阿米巴经营的起点，就是经营者自身不断努力并带头实践哲学。有了这一点，才可能让阿米巴经营正常发挥功效，进而推动企业的可持续发展。

后 记

阿米巴经营诞生至今已经有半个多世纪了。

曾经只有京瓷独家使用的管理会计手法——阿米巴经营，现在已被作为实现全员参与的经营、创造高收益的综合性经营体系，导入到了很多企业中。

其中最具代表性的，应该就是稻盛名誉会长曾经亲自参与经营的 KDDI 和日本航空公司。这两家企业均作为日本屈指可数的高收益企业，仍在持续发展。

此外，接受 KCCS 阿米巴经营咨询的企业数量已超过了 700 家。从员工只有几十名，销售额只有数亿日元的中小企业，到拥有数万名员工，销售额超过 1 万亿日元的大企业，跨越各种行业和领域，这些企业分别都取得了相应的成果。

在本书前言中曾经讲过，日本经济的长期低迷，是因为员工的能力和员工对于公司的热情未能得到充分发挥。在公司工作的全体员工，带着使命感和责任感去发挥各自的作用，在各自的岗位和立场上，把自己的能力充分发挥出来，这一点在今后的企业经营中更有必要。

因此，就像本书所讲述的那样，我们确信阿米巴经营可以发挥巨大的功效。我们由衷地祈愿，随着阿米巴经营的推广，能产生更多的高收益企业，能让日本经济再次迸发力量。

最后，本书的出版，在策划和编辑方面都得到了日本经济新闻出版社的伊藤公一先生的大力支持。没有他的努力，可能就不会有本书的面世。请允许我代表参与本书撰写的KCCS的成员，向伊藤公一先生表达由衷的感谢。

京瓷通信系统株式会社顾问　大田嘉仁

2017年8月

京瓷阿美巴管理顾问（上海）有限公司简介

京瓷阿美巴管理顾问（上海）有限公司（以下简称“KAMC”）是京瓷通信系统株式会社（KCCS）在华的全资子公司，是京瓷集团旗下唯一一家在中国提供正统阿米巴经营落地辅导、培训研修和系统导入服务的公司。京瓷集团名誉董事长、阿米巴经营创始人稻盛和夫先生于2012年授权成立了KAMC，并担任首任名誉董事长。KAMC致力于通过提供正统阿米巴经营相关服务，为中国企业与中国社会做出贡献。

阿米巴经营曾经是京瓷公司秘不外传的

经营手法。1989年，随着企业经营者希望学习阿米巴经营的呼声日益高涨，京瓷公司开始提供阿米巴经营咨询业务。此后近30年的时间里，京瓷公司帮助了约750家各领域的企业成功落地阿米巴经营。

KAMC整合京瓷集团近60年以来阿米巴经营运用的经验和近30年的专业咨询经验，充分尊重中国企业的文化和习惯，结合客户实际经营问题和需求，提供个性化的阿米巴经营落地、培训及系统导入方案。导师团队由京瓷集团有数十年工作经验的日籍资深咨询师/讲师带队，运用对阿米巴经营的长年亲身体验、深刻理解以及多国咨询经验，为企业提供符合当地国情的落地咨询服务。

KAMC与上海国家会计学院（SNAI）、英国皇家特许管理会计师公会（CIMA）、上海企业联合会（SHEC）等多家官方机构达成了战略合作。KAMC将不断努力向中国企业推广阿米巴经营，帮助中国企业解决经营难题，提高自身经营能力，为中国企业改善经营和长足发展做出贡献。

京瓷阿美巴管理顾问（上海）有限公司

公司官网：www.kamc-sh.com.cn

咨询电话：4006-168-167